Primera edición: Marzo 2024

Autora: Christina von Dreien

Título original: "Christinas Herzbotschaften. 99 kurze Inspirationen"

Copyright © 2022 Govinda-Verlag GmbH, Zürich (Switzerland). Used with permission

Maquetación: Antonio García Tomé

Traducción: Alejandro de Tera

Depósito Legal: M-7601-2024

Editorial Faro

www.editorialfaro.com

info@editorialfaro.com

CHRISTINA VON DREIEN

Mensajes del corazón de Christina

99 BREVES INSPIRACIONES

TRADUCTOR: ALEJANDRO DE TERA

Índice

PRÓLOGO

•

Estimadas lectoras y lectores:

Con «Mensajes del corazón de Christina», tienen ahora en sus manos el primer libro de Christina von Dreien «realmente suyo».

También el presente volumen, pero principalmente los cinco libros de Christina publicados hasta la fecha, debemos agradecerlos en no poca medida al incansable trabajo de nuestro amigo y editor Ronald Zürrer. Con la ayuda de su apoyo, muy logrado y lleno de sensibilidad, así como de su entrega a la tarea de servir a la misión de Christina, surgieron al principio los dos primeros volúmenes, a partir del diario de anotaciones y de los manuscritos de Bernadette, la madre de Christina. Para las tres siguientes publicaciones, Ronald se valió de las grabaciones de los numerosos seminarios en vivo, conferencias y entrevistas de Christina, agrupando los textos, ordenándolos temáticamente y poniéndolos en un lenguaje admirablemente fluido. La totalidad de estos cinco libros alcanzaron respectivamente las listas de libros más vendidos. Tanto Christina como yo queremos expresar aquí a Ronald, de todo corazón, un enorme «gracias» por que los mensajes de Christina hayan podido llegar a tantas personas en forma de libros, preparados con gran esmero.

El presente libro es diferente, porque los textos contenidos en este volumen han sido redactados por la propia Christina y, atendiendo a su deseo, sin sufrir apenas retoques lingüísticos. En el curso de los últimos tres años Christina ya ha publicado parcialmente, en forma de circulares digitales, estas breves inspiraciones, que pueden acompañarnos y reconfortarnos a diario. Pero además en este libro hay muchos textos nuevos.

La inconfundible sencillez y claridad del lenguaje de Christina se abre paso directamente hasta los corazones y almas de innumerables personas. Con frecuencia me ha dejado perpleja el hecho de que Christina consigue, desde su perspectiva y con solo unas pocas palabras, arrojar luz y llegar al fondo de la cuestión en interrelaciones sobre las que yo ya había leído extensas disertaciones filosóficas.

Estoy infinitamente agradecida por toda la labor de Christina. También por no permitir que nada le impida la realización de su misión: ni las grandes piedras puestas en su camino ni ninguna de las circunstancias de su vida, inconcebiblemente difíciles y adversas. Ella ya fue consciente, antes de su encarnación, de esta misión, que es el verdadero motivo de su presencia aquí. La meta declarada de Christina es traer más consciencia y más amor a este planeta. Ella desea ayudar y apoyar a la humanidad –de la que se ha enamorado, como dice una y otra vez con su encantadora sonrisa– en este tiempo especial y lleno de desafíos.

Como mensajera del Amor, del máximo poder en la Tierra y en el Universo, ella hace su labor a su manera, inimitablemente delicada y modesta. Ella es un vivo ejemplo de que también lo silencioso y suave puede alcanzar imperturbablemente su meta y desplegar un gran efecto. Como Christina suele decir una y otra vez: «El amor no puede ser detenido, solo retardado».

Les deseo ahora que disfruten mucho con esta maravillosa recopilación de inspiraciones de Christina, que nos transmiten confianza, y a la vez muchos reconocimientos. Les ayudará a gestionar los tiempos que se avecinan con más ligereza, pero asimismo con más apoyo interior, y a dirigir el barco de su alma de forma segura a través del mar tempestuoso. Y no olviden lo que Christina sabe: al final todo saldrá bien.

Con gran agradecimiento –también porque se me permite acompañar y apoyar a Christina en su vida y acción, y por la honda amistad surgida de nuestra colaboración profesional en todos estos años.

Nicola Good
En octubre de 2022

Desobedecer desde el amor

La orientación hacia el amor hace que un ser humano siempre actúe de forma que no cause daños ni a sí mismo ni a otros seres vivos, porque el amor apoya y protege siempre la vida.

Cuando de un ser humano amoroso se espera o se exige que dañe a otros, él no puede obedecer. Esta actitud podría denominarse como «desobedecer desde el amor».

Compararse con otros

Vivimos en una sociedad en la que se nos enseña a compararnos constantemente con otras personas. Esto significa que tomamos la vida de otra persona como punto de referencia para nuestra propia vida.

Sin embargo, cada ser humano tiene una vida única. Ninguna vida es comparable a otra. De modo que no deberíamos compararnos con otras personas, sino aprender a reencontrarnos a nosotros mismos. Y a valorarnos, tal como somos en este momento.

Se trata de que nuestro punto de referencia sea lo que nosotros sentimos. Si así lo hacemos, permanecemos con nuestra consciencia en nosotros mismos y no nos perdemos en las expectativas e ideas de otras personas.

Esto nos ayuda a encontrar una tranquilidad interior.

El gran olvido

En los orígenes no estaba previsto que la Tierra fuera dominada por fuerzas de la no-luz, ni que la humanidad se sumiera en el olvido. Hubo un tiempo en que la Tierra aún era de frecuencia vibratoria más sutil, en el que seres conscientes habitaban la Tierra, que era un paraíso. No había guerras, y había suficiente de todo para todos los seres.

Tan solo cuando los seres de la no-luz llegaron a la Tierra desde otros planetas y lo alteraron todo, comenzó la manipulación de los seres humanos y el olvido. A causa de este gran olvido la humanidad asumió muchas cosas extrañas de las fuerzas de la no-luz. La vibración de la Tierra descendió. También el ADN humano fue manipulado, de forma que la humanidad cayó en una anestesia general cada vez más profunda. En ningún lugar hay una anestesia general tan completa como aquí en este planeta. Aunque todos somos en realidad seres de luz divinos completamente conscientes, como colectivo humano hemos olvidado quiénes somos realmente, de dónde venimos y por qué estamos aquí. Hemos caído tan profundamente en el olvido, que incluso hemos olvidado el hecho mismo de haber olvidado. Imaginaos esto: ¡lo hemos olvidado todo, y en nuestro olvido ni siquiera sabemos *que* hemos olvidado ni *qué* hemos olvidado!

Así que durante muchos siglos y milenios hemos crecido en una completa ilusión, con nuevas visiones del mundo, ajenas al alma, y con nuevas e innumerables identidades y personalidades. Hemos adoptado puntos de vista y opiniones ajenos y los hemos sentido como verdaderos, aunque no son verdaderos. Hemos empezado a creer que nosotros somos nuestro cuerpo físico y que no existe otra cosa que el plano físico tridimensional. Bajo la influencia de las fuerzas de la no-luz hemos empezado a creer que la violencia y la guerra son algo normal. Hemos olvidado que el amor es la solución para todos los problemas, que todos somos luz y que estamos eternamente unidos a lo divino. Hemos vivido durante largo tiempo, o bien en la creencia de que no existe nada divino, o bien de que estamos separados de lo divino, de que lo divino está fuera de nosotros. Ambas cosas son una completa ilusión, porque jamás en todas vuestras vidas –ya sea en la vida presente o en otras anteriores– estuvisteis desconectados o separados de lo divino. ¡Jamás! Tampoco hubo ninguna separación entre lo divino y vosotros, en el tiempo en que habíais olvidado que habíais olvidado. Tan solo se os hizo creer eso, y vosotros lo creísteis y estabais convencidos de ello. Y sin embargo siempre estuvisteis unidos a lo divino, y siempre fuisteis guiados y protegidos por lo divino.

Sucede que en la época actual la Tierra lleva ya mucho tiempo elevando de nuevo su vibración. Con ello disminuye progresivamente la anestesia general de la humanidad, y los seres humanos tienen la posibilidad de despertar, en la medida en que esto sea posible para su alma.

En cuanto comenzamos a despertar, vuelve además el recuerdo de que en nuestro interior somos amor. Amor significa que tenemos compasión, que tenemos comprensión y que podemos perdonar –también a las fuerzas de la no-luz–. Podemos y deberíamos distanciarnos de ellas, pero no deberíamos hacerlo desde el enojo, sino que podemos hacerlo desde el sentimiento de que con ello generamos algo bueno para nosotros mismos y por tanto siempre para el gran todo.

Muchos no saben en absoluto qué están haciendo aquí

El amor es lo que sana. Tenemos una gran carencia de amor, por eso necesitamos más amor en la Tierra. Se necesita el amor, para que la Tierra y nuestro mundo de nuevo sanen.

El amor es aquello que todos buscamos, pues todos lo hemos sido ya en su día por completo. Esto lo sabemos, y regresamos hacía él, cada cual a su ritmo.

El planeta también nos ama, aunque nosotros hagamos tantas cosas lamentables. Si no nos amara, probablemente ya no existiríamos, porque él podría sencillamente aniquilarnos.

Podemos pensar amorosamente en la Tierra y decirle que queremos tratarla lo mejor posible, porque hay muchas personas que no saben en absoluto qué están haciendo aquí.

De qué se trata, en esta fase del tiempo

Actualmente vivimos en unos tiempos muy revueltos y llenos de retos. A pesar de ello, tratad de recordar que todo tiene una bendición oculta y que podemos lograrlo todo, si queremos. El mundo espiritual y de la luz dispone de incontables posibilidades para darnos su valioso apoyo para ello, si lo pedimos activamente.

La mayoría de los seres humanos aún no se han hecho conscientes de qué se trata realmente en esta fase del tiempo. Están atrapados en el miedo. Por eso es tan importante que todas aquellas personas que saben que lo fundamental es permanecer anclados en el amor, lo estén ahora. Es importante que recordemos lo que nos hace estar agradecidos, cuál es la belleza de la vida y por qué la humanidad es tan valiosa.

En la actualidad hay dos clases diferentes de energías actuando en la Tierra: por un lado, hay aquí energías que quieren llenarnos de miedo y pánico, y por otro lado están presentes energías fortalecedoras y beneficiosas que quieren apoyarnos para que reconozcamos la situación actual como una oportunidad. Es importante que decidamos muy conscientemente con cuáles de estas energías queremos conectarnos, para que nuestra consciencia pueda abrirse aún más.

Cuanto más atrapada en el miedo está la mayoría de los seres humanos, tanto más se necesitan personas que no se dejen arrastrar y que en vez de ello introduzcan algo positivo en el campo de la consciencia. Porque cuantas más personas se focalicen en lo que hay de positivo en esta situación, en lugar de en lo difícil y amenazador de este tiempo, tanto más podremos influir para que el resultado de esta historia sea bueno. Por ejemplo, podemos tomar la actual situación como oportunidad para ayudar a otros, para tomarnos tiempo para nosotros mismos y nuestra familia, o ejercitarnos en confiar, pese a todo. Al fin y al cabo, siempre hay una solución.

Enfocarnos en lo bueno

Actualmente la mayoría de los medios de comunicación tratan de manipularnos para que constantemente nos enfoquemos en lo que en este momento no está bien en el mundo. Es como una única y enorme hipnosis.

Por eso es tan importante que dirijamos nuestra atención exactamente a lo contrario. Porque donde se dirige nuestra atención, allí es adonde fluye nuestra energía. Lo contrario del miedo y de las noticias lamentables es lo bueno, es el amor y la alegría. Por eso debemos recordar con tanta mayor frecuencia que en el mundo hay muchas cosas buenas y que al final todo saldrá bien.

A menudo sucede que consciente o inconscientemente creemos que si las cosas fueran de determinada manera, deberían aparecer reflejadas en los medios de comunicación. Creemos que ciertas cosas solamente existen si se informa sobre ellas. ¡Y al mismo tiempo hay tantas cosas buenas, sobre las que no se oye casi nada o nada en absoluto!

Nuestra tarea es introducir, en la medida en que nos sea posible, lo positivo en el campo colectivo y en nuestro entorno, y sentir tan a menudo como podamos confianza, optimismo, amor y alegría. Cuando lo hacemos, ya estamos colaborando a que toda la situación mejore, porque con ello añadimos algo al platillo positivo de la balanza. Esto tiene mucho más peso de lo que sospechamos.

Aunque en la actualidad hay muchas cosas que no son buenas, en este momento también están obrando aquí, a favor de lo bueno, muchísimas almas con su luz y su amor. Si no fuera así, nuestra situación actual sería mucho peor de lo que es. Por eso nuestros sentimientos positivos son tan importantes, porque incrementan la luz en la Tierra y porque solo gracias a la luz que hay en la Tierra no ha empeorado todo aún más.

Muchas personas se preguntan qué pueden hacer ahora para ayudar. Algo que cada cual puede hacer una y otra vez, es irradiar luz, tener emociones y sentimientos positivos y transmitir esperanza y confianza a otras personas y animales. Nunca deberíamos perder nuestra humanidad, pase lo que pase en ese momento; pues gracias a nuestra humanidad tenemos compasión hacia otros seres e irradiamos luz.

La luz y el amor lo sanarán todo algún día –sin importar lo que esté ocurriendo ahora mismo.

Orientar la consciencia hacia lo nuevo

(Mensaje de Año Nuevo, 2022)

Un nuevo año ha comenzado. Aunque sea una fecha creada por el ser humano, el cambio de año nos recuerda, cada vez, que podemos concluir algo viejo y con ello hacer sitio a algo nuevo. Claro que podemos hacerlo igualmente cualquier otro día, pero en el cambio de año esto está en la consciencia de muchas personas.

Cuando todavía no podemos saber o ver lo que nos espera, entramos en incertidumbre, y esto puede generarnos inseguridad. Pero cuanto más tengamos nuestro apoyo interior en nosotros mismos, tanto mejor podremos gestionar los cambios, tanto mejor podremos simplemente confiar y no necesitaremos saber siempre todo o controlar todo para sentirnos seguros. Entonces nos resultará también más fácil tener que afrontar a veces la incertidumbre.

El cambio será mucho más agradable y beneficioso, si una y otra vez alimentamos la visión de cómo queremos que sea la vida futura en la Tierra, y si podemos verla como imagen y también sentirla. Todos queremos sencillamente ser felices. Esto está dispuesto así dentro de nosotros. Queremos ser felices y sentirlo. Pero en ocasiones nos resulta difícil imaginarnos cómo podemos llegar a ello –precisamente ahora, cuando tantas fuerzas quieren exactamente impedir esta felicidad–. Las fuerzas de la no-luz tienen mucho miedo del amor, porque el amor no pueden controlarlo. Por eso actualmente promueven tanto el distanciamiento y la desconexión entre las personas.

Nuestro yo superior tiene una visión más profunda sobre ciertas cosas que nosotros aquí, que estamos encarnados en la Tierra. Por eso no podemos reconocer ciertas interrelaciones más elevadas con nuestra consciencia diurna actual, pero en el plano del alma tenemos conocimiento de ello. En nuestra consciencia diurna no siempre debemos ni podemos ver el camino a la solución. De hecho es suficiente con que, el siguiente paso positivo que podamos reconocer en este momento, lo demos llenos de confianza. De ahí surgirá una nueva situación, a partir de la cual podremos seguir avanzando.

Cada una de nuestras decisiones pone algo en movimiento. Tan pronto como nos decidimos –da igual cuán pequeña sea la decisión–, utilizamos nuestra fuerza creadora. Cuando pensamos que no tomamos ninguna decisión, eso también es una decisión –es decir, una decisión a favor de lo que ya está aquí.

Al decidir que queremos algo diferente a lo existente, empezamos a orientar nuestra consciencia a algo nuevo. Exactamente esto es lo que está sucediendo en este momento a nivel mundial y en gran medida: en todas partes las personas dirigen su consciencia a lo nuevo y mejor. De este modo, en todas partes ya se ve surgir lo bueno. Es ya tan intenso en el campo colectivo, que ya no puede ser detenido. Solo retardado. Al igual que no se puede detener el amor, sino solo retardarlo.

Por tanto: suceda lo que suceda aún a corto plazo –conservad vuestra valentía y vuestra confianza.

Nuestro mundo está cambiando

Nuestro mundo está cambiando, por lo que también en nuestra vida personal tenemos la posibilidad de dar pasos necesarios –tanto en el plano físico como en nuestra forma de pensar y sentir–. Podemos, por ejemplo, enfocarnos en las cosas que actualmente son buenas en el mundo y en nuestra situación personal: que tenemos suficiente comida, que tenemos un techo bajo el que vivir, que todavía tenemos luz y corriente eléctrica, etcétera.

Y podemos confiar en que por último todo saldrá bien –aunque en este momento aún no sepamos cuándo ni cómo–. Sé que al final todo saldrá bien, lo siento así. Y estoy segura de que todo aquel que todavía no tiene este sentimiento, en un plano subconsciente lo sabe ya igualmente. Porque al encarnar aquí, sabíamos lo que nos encontraríamos y nos decidimos por ello. Sabíamos que no sería fácil, pero también sabíamos que finalmente todo saldría bien.

Así de fácilmente
puedes elevar tu vibración

A continuación una breve lista de ideas para elevar tu vibración. Estas cosas te ayudan también actualmente a mantener la luz.

- Concéntrate en tu cuerpo de luz.
- Recuerda todo aquello por lo que puedes estar agradecido en tu vida.
- Sé indulgente y amoroso contigo mismo.
- Ayuda a otras personas y animales.
- Haz algo que te haga sentir bien: leer un buen libro, contemplar bellas imágenes, ir a la naturaleza, escuchar música bella y armoniosa, bailar o cantar, etcétera.
- Relaciónate con personas que piensan del mismo modo que tú. Así además sentirás que no estás solo.
- Pide ayuda y apoyo a tu equipo espiritual, así como a la Tierra y a los seres de la naturaleza de luz.
- Límpiate a nivel energético periódicamente.
- Crea un oasis de luz en tu casa, donde puedas tomarte tiempo para ti mismo y volver a sentir tu propia luz.
- Deja estar las cosas que no puedes controlar o cambiar, y dirige tu energía a lo que verdaderamente puedes cambiar.

Ejercicio del cuerpo de luz

Todo el miedo que se propaga actualmente en la Tierra limita la consciencia de muchas personas. Cuando estamos limitados, no podemos abrir nuestra consciencia a lo divino ni unirnos a lo que realmente somos en nuestro interior. Además, ya no sentimos nuestra intuición en absoluto.

Por eso es tan importante que sanemos nuestro miedo. Tal vez los problemas externos estén aún ahí, pero teniendo un buen acceso a nuestra intuición podremos solucionarlos mucho mejor. Y precisamente no tendremos este acceso, si estamos sumidos en el miedo, si nuestra consciencia está tan limitada que la intuición ya no tiene cabida. Ni siquiera podremos pensar con claridad, ni por tanto encontrar buenas soluciones para nuestros problemas. Igualmente, solo podremos percibir nuestra guía interior cuando estemos realmente abiertos.

Para salir de esta limitación podemos hacer diversas cosas. Una de estas ayudas consiste en orientar nuestra consciencia a nuestro cuerpo de luz. Para ello es conveniente empezar haciendo algunas respiraciones profundas. Luego simplemente nos imaginamos que en nuestro interior estamos muy llenos de luz. Podemos imaginarnos que todas nuestras células y todos nuestros cuerpos energéticos están hechos de luz pura. Lo mejor es practicar esto una y otra vez en momentos positivos, en los que estamos relajados. Así posteriormente podremos hacerlo mejor, cuando verdaderamente lo necesitemos.

Resulta de ayuda hacer primero este ejercicio estando solo, en silencio. Por eso es bueno tener una y otra vez momentos en los que uno está solo consigo mismo y puede concentrarse en su luz. Cuanto mejor pueda uno hacerlo estando solo, tanto mejor podrá hacerlo más adelante, cuando esté rodeado de personas.

En nuestro cuerpo de luz no hay ningún miedo, y por eso nuestro miedo disminuye inmediatamente cuando dirigimos nuestra consciencia a nuestro más profundo interior –donde solo somos luz y amor–. Nuestros sentimientos seguirán entonces a nuestros pensamientos, y sentiremos la plenitud de la paz interior y de no tener miedo.

Este breve ejercicio podemos repetirlo periódicamente, tratando de sentir la luz interior cada vez un poquito más.

Mantenernos enfocados en lo bueno

Actualmente atravesamos tiempos que se vuelven cada vez más disparatados. Podría ser que en nuestra vida cotidiana aparecieran cosas que van mucho más allá de lo que jamás habríamos podido imaginar o, cuando menos, querido imaginar.

Si vemos lo que ahora mismo está sucediendo y lo que posiblemente aún aparecerá, en ocasiones puede ser realmente difícil conservar la alegría y el optimismo. Pero este es precisamente el gran reto de este tiempo: enfocarnos una y otra vez de nuevo a lo bueno, lo bello y lo reconfortante. Por supuesto que una y otra vez hay momentos en los que estamos tristes o ya no sabemos por dónde seguir. También a mí me entristecen a veces todos estos acontecimientos. Y al mismo tiempo sé que todo tiene un sentido, aunque tal vez en este preciso momento aún no podamos verlo.

La consciencia de la humanidad necesita dar un gran salto cualitativo. Esto significa que cada uno de nosotros debe contribuir a ello. Y podemos hacerlo a base de ejercitarnos una y otra vez en salir del carrusel de pensamientos sobre preocupaciones y miedo, y enfocarnos a la clase de cosas y preguntas que fomentan lo bueno. Porque sabemos que los buenos pensamientos generan buenos sentimientos.

Por ejemplo, se podría abordar la pregunta: «¿Cómo tiene que ser un mundo en el que todos los seres sean felices? ¿Cómo sería esto? ¿Qué nos haría sentir?». O bien: «¿Cómo quiero ser en adelante? ¿Qué cosas quiero cambiar o poner en orden en mí?».

Si nos imaginamos que cada uno de nosotros es como una célula en el cuerpo de la humanidad, podría decirse que algunas personas actualmente se comportan como células cancerígenas que causan enfermedad. Es importante que introduzcamos impulsos sanos en estas estructuras del cuerpo, tan a menudo como sea posible.

Una y otra vez sucede lo que se denomina sanaciones milagrosas, en las que una persona que está muy enferma sana repentinamente, sin que la ciencia lo pueda explicar. Lo mismo es igualmente posible para el colectivo de la humanidad y el planeta. Estoy segura de que nuestro mundo, actualmente tan enfermo, puede recuperarse. Pero para ello necesita más que nunca cada impulso positivo de cada uno de nosotros.

La Tierra misma necesita nuestro amor y nuestra visión de lo bueno. Por lo tanto, aunque a veces nos resulte difícil: ¡sigamos adelante con ello! También es importante y beneficioso que una y otra vez nos conectemos con aquellas personas y cosas que nos hacen bien, y que nos mantengamos apartados de las que nos desaniman.

Igualmente nos hace bien ser una ayuda para otros. Y podemos ocuparnos de animales o tratar amorosamente una planta. Quiero recordaros que todo esto es mucho más importante de lo que tal vez creamos, porque repercute en el campo colectivo. Se trata además de formar un contrapeso al miedo y a los muchos sentimientos negativos que hay actualmente en este campo, por todas partes.

Así, de forma conjunta con todos los seres humanos de este mundo que incrementan la luz, atravesaremos con éxito estos tiempos difíciles.

Vivir un mundo en libertad

Todos somos guiados. Da igual qué circunstancias haya ahora mismo en la Tierra: nuestros guías espirituales y nuestro yo superior cuidan de que pese a todo salgan adelante los planes de nuestra alma. Podemos confiar en que al final siempre sale todo bien –no solo para nosotros personalmente, sino en último término también para el mundo.

Esto no significa que en un futuro cercano ciertas cosas no puedan volverse caóticas de nuevo. Esto no puede evitarse por completo, porque en la Tierra hay mucha inconsciencia y manipulación. El sistema actual se desmoronará tarde o temprano y hará sitio a algo nuevo, pero la transición al nuevo sistema puede ser accidentada.

Sería ingenuo creer que nuestro mundo volverá a ser exactamente como era antes. Esto no está planificado –ni por las fuerzas de la no-luz ni por las fuerzas de la luz–. Aunque la transición a lo nuevo no siempre sea fácil, en ella podemos hallar no obstante algo positivo. Podemos así por ejemplo aprovechar posibles situaciones y cosas difíciles que sucedan, para tener más claro lo que realmente es importante en la vida y cómo queremos verdaderamente vivir en adelante.

Algunas situaciones pueden ayudarnos, reflejando nuestros propios temas. Podemos encontrar y disolver así ciertas creencias que todavía nos bloquean. Con ello nosotros mismos nos liberamos progresivamente. Y solamente cuando nosotros somos libres, podemos vivir también un mundo en libertad.

Seguir el propio camino

Se pueden quitar piedras del camino de otra persona o recortar la maleza para que ella encuentre el camino más despejado. Pero cada cual debe recorrer su propio camino por sí mismo.

Darnos fuerza mutuamente

Cuando con nuestra luz rozamos los corazones de otros seres humanos, ellos lo notan, sintiéndose más confiados, percibiendo esperanza, viendo nuevamente algo positivo en una situación difícil, y también obteniendo reconocimientos que para ellos son importantes, y volviendo a ver con más claridad.

Así que podemos darnos fuerza mutuamente. Porque la luz que nosotros somos, es esta fuerza.

Cuando estamos conectados con lo que realmente somos, sentimos dentro de nosotros que al final todo saldrá bien. Porque el amor no puede ser detenido, solo retardado.

Limpiarse a nivel energético periódicamente

Absorbemos una y otra vez energías que no forman parte de nosotros. Precisamente en el tiempo actual puede suceder que de pronto tengamos sentimientos y pensamientos que no nos pertenecen en absoluto. Algunos proceden de otras personas, otros los absorbemos del campo colectivo.

Por eso es bueno que nos limpiemos a nivel energético periódicamente y pidamos a nuestro equipo espiritual que retiren por completo de nuestro cuerpo, de nuestra mente y de nuestra alma todos los pensamientos, emociones y estructuras que no nos pertenecen y que nos bloquean o dañan. Así la totalidad de nuestro campo energético se limpia de todo lo que no es para nuestro más elevado bien divino.

Tomarse tiempo para uno mismo

En el momento en que tenemos una pregunta, ya tenemos la respuesta dentro de nosotros mismos. Nuestra intuición sabe una respuesta para todo, porque nuestra intuición es nuestro yo superior. Pero frecuentemente no podemos percibir inmediatamente la respuesta a nuestra pregunta.

Para poder oír nuestra intuición, debemos quedarnos en silencio. Debemos ser capaces de recibir. Y para ello debemos estar conectados a nuestro corazón, de lo contrario la mente nos bloquea con expectativas, ideas, etcétera.

Por eso es tan importante tomarse una y otra vez tiempo para uno mismo.

Dejar estar
lo que no podemos cambiar

Precisamente cuando en tan poco tiempo suceden tantísimas cosas, como actualmente, es importante que uno tome consciencia de dónde pone su energía.

Hay cosas que podemos cambiar. Pero hay sucesos que en el presente no podemos cambiar de inmediato. Si pasamos demasiado tiempo pensando en acontecimientos que ahora mismo de todos modos no podemos cambiar, esto nos quita energía. Pero si nos ocupamos mayormente de las cosas que podemos cambiar ahora, en el presente, esto nos ayuda a mantener alta nuestra vibración.

En consecuencia: dejemos estar lo que no podemos cambiar, centrémonos sobre todo en lo que podamos cambiar, y para todo esto pidamos siempre la guía divina.

Amarse a uno mismo

Solemos hablar de amor: amor a personas, a animales, a la naturaleza. Pero básicamente todo amor comienza amándonos a nosotros mismos. Porque si no podemos amarnos a nosotros mismos, tampoco podremos sentir amor auténtico por otros seres.

Amarse significa que nos aceptamos y valoramos a nosotros mismos y que además cuidamos de que nos vaya bien. Precisamente en la situación actual es difícil que tengamos todo (o algo de) lo que sería necesario para que nos vaya bien en todos los ámbitos. En este caso deberíamos tratar de prestar tanta atención como podamos a nuestras necesidades, y hacer al menos que nos vaya lo mejor posible. Claro que esto no va a ser perfecto, pero sacaremos lo mejor de la situación.

Ya solamente la decisión de que queremos procurar que nos vaya bien, introduce algo muy importante en el campo colectivo.

Responsabilidad propia

Solamente nosotros mismos podemos llegar a nuestra paz interior, a nuestra sanación y a nuestro amor. Otras personas pueden ayudarnos, pero nosotros mismos debemos recorrer el camino. Por eso no deberíamos entregar la responsabilidad que tenemos para con nosotros mismos a otras personas o al mundo espiritual.

En el momento en que entregamos una responsabilidad que en realidad nos pertenece, entregamos una parte de nuestra fuerza creadora —no en el sentido de que ya no la tendremos, sino en el sentido de que ya no utilizaremos nuestra fuerza creadora en este ámbito, porque partimos de la base de que otro por así decirlo nos salvará.

Durante milenios se nos ha acostumbrado a que alguien decida sobre nosotros. Pero se trata de que aprendamos a retomar la responsabilidad que nosotros tenemos para con nosotros mismos. Solo nosotros mismos podemos «salvarnos».

Porque el amor que muchas personas buscan en el exterior, solamente pueden encontrarlo en sí mismas.

Los niños son nuestro futuro

Los niños son nuestro futuro. Por eso siempre deberíamos ser conscientes de lo que transmitimos a los niños –con mayor motivo en el tiempo actual.

Los niños no solo asumen lo que los adultos dicen, sino que prestan atención a lo que los adultos hacen, a cómo reaccionan ante situaciones, etcétera, y luego frecuentemente lo asumen. También por este motivo los adultos tienen una especial responsabilidad para con los niños. Justamente en el tiempo actual es importante que transmitamos confianza a los niños, y que por lo menos en el hogar les ofrezcamos un oasis seguro y amoroso, cuando por ejemplo en el colegio esto no sea posible.

Pero al fin y al cabo los adultos solamente pueden transmitir a sus hijos lo que ellos mismos ya han incorporado, lo que ellos mismos sienten. Porque los niños, consciente o inconscientemente, intuyen si lo que los adultos dicen es lo que realmente piensan y sienten, o si solamente es un concepto en sus mentes.

Por eso es importante que los adultos se hagan conscientes de lo que transmiten a los niños. Trabajarnos las creencias que nos bloquean no es una bendición solo para nosotros mismos. Porque todos los bloqueos que los adultos han disuelto en sí mismos, ya no podrán transmitirlos a sus hijos. Y todo lo que los adultos hacen con amor, confianza y alegría, hace que también los hijos obtengan un mayor contacto con el amor, con su confianza y con su alegría.

Queremos un mundo en armonía, y este mundo en armonía empieza en nuestra propia vida. Porque cuando volvemos a ser más ese amor que en realidad somos, transmitimos esto a nuestros niños, de modo que ellos pueden sentir mejor el amor.

En el momento en que en la Tierra tengamos niños en armonía, tendremos también una sociedad en armonía.

Nunca somos demasiado pequeños para generar algo

Cuando seguimos a nuestro corazón y por tanto el plan de nuestra alma, hacemos que nuestra propia luz brille automáticamente con más intensidad. Al seguir a nuestro corazón, podemos inspirar a otras personas a que hagan lo mismo, dado que ellas sienten nuestra luz, consciente o inconscientemente.

Por eso no somos demasiado «pequeños», para generar algo. Podemos inspirar a otras personas simplemente con nuestra existencia. Y tampoco deberíamos olvidar que todo lo que pensamos, sentimos, decimos y hacemos entra inmediatamente en el campo energético colectivo de la humanidad. Como en este campo todos los seres humanos están conectados entre sí, todo esto produce un efecto sobre todas las demás personas en la Tierra. Aun cuando no lo notemos, e incluso en el caso de que no creamos en ello.

¿Por qué hay tanto caos en la Tierra?

Muchos se preguntan por qué actualmente hay tanto caos en la Tierra, aunque la propia Tierra está en un proceso de ascensión.

Tampoco yo tengo una visión general completa de ello, pero desde mi perspectiva quiero deciros lo siguiente al respecto: la propia Tierra está elevando actualmente su vibración. Esto es algo que no se puede detener, ya que la Tierra sigue el camino que ha elegido para sí misma.

Además están los seres humanos sobre la superficie de la Tierra. Según cómo se hayan decidido los seres humanos en el plano de su alma, participarán o no de la ascensión en esta encarnación. No todos los seres humanos podrán despertar en esta encarnación.

Las fuerzas de la no-luz abandonarán finalmente este planeta. Sin embargo aquí, sobre la superficie de la Tierra, será el último lugar en que podremos sentirlo. Se está produciendo una depuración, pero todavía no ha llegado realmente a la superficie de la Tierra. Antes de llegar aquí, la depuración se produce tanto en el sistema solar como bajo la superficie de la Tierra y en planos de frecuencia vibratoria más sutil. Lo bueno es que en esos lugares la depuración está en marcha desde hace ya bastante tiempo. Sin embargo, esto hace que las fuerzas de la no-luz actualmente se retiren aún más hacia la superficie de la Tierra, para llevar a cabo sus planes. Por eso frecuentemente hay aquí un empeoramiento para los seres humanos.

No podemos evitar todos los acontecimientos lamentables. Pero siempre podemos sacar lo mejor de ello y concentrarnos en aquellas cosas que podemos cambiar. Atravesaremos este tiempo de la mejor manera posible si nos unimos con personas afines, a nivel físico y/o espiritual, y buscamos posibilidades alternativas.

También es importante trabajar en encontrar nuestra propia paz interior. Entonces esta paz que tendremos en nosotros irradiará a nuestro entorno, lo cual tiene un efecto mucho más grande sobre la totalidad, de lo que captamos conscientemente. Sé que esto no resolverá de inmediato todos los retos, pero es lo que podemos hacer ahora mismo. A veces no podemos ver la solución. En ese caso deberíamos simplemente dar el siguiente mejor paso posible.

Algunas cosas son demasiado grandes para nosotros mismos. Podemos entonces entregarlas a nuestro equipo espiritual y a la Fuente divina, y pedir guía y ayuda. Cuanto más entremos en contacto interiormente con fuerzas que están mucho más avanzadas que nosotros en su consciencia y en su capacidad de amar, tanto más nos sentiremos protegidos y sostenidos por ellas.

¿Se genera miedo conscientemente en este planeta?

La razón por la que precisamente ahora se genera conscientemente tanto miedo en el mundo, es que esas instancias que persiguen planes perjudiciales saben exactamente que solo pueden lograr sus metas si la mayoría de las personas toman parte en todo ello. Porque el verdadero poder no se halla en las fuerzas de la no-luz. El verdadero poder, aquí en la superficie de la Tierra, se halla en los seres humanos.

Exactamente por eso se genera miedo conscientemente, porque solamente por medio de los seres humanos se pueden realizar los planes –tanto los de luz como los de la no-luz–. Los seres humanos, según su naturaleza original, son en su esencia amor. Que pese a esto haya tanta violencia entre los seres humanos, tiene que ver con el hecho de que seres de la no-luz desconocidos, que no proceden de la Tierra y que ya no tienen la conexión con el amor, han influenciado y continúan influenciando a los seres humanos, y también han encarnado en la humanidad.

De manera que toda la violencia y desarmonía es originariamente algo ajeno, que fue implantado en aquella humanidad primigenia. Fue anclado en sus genes, pero no tiene nada que ver con lo que son los seres humanos en base a su naturaleza. En sí, los seres humanos son amor. Y por eso a pesar de todo tenemos la capacidad de seguir trayendo a la Tierra cosas bellas y, gracias al propósito de nuestros corazones, acabaremos aquí algún día con este ciclo de maldad.

Si por lo tanto queremos que surja un futuro pacífico y amoroso, tenemos que decidirnos conscientemente por él y estar dispuestos a contribuir a ello, cada uno a su propia manera.

Efectivamente, tenemos ayuda de seres de luz. Pero nadie nos va a salvar, pues el poder reside en nosotros los seres humanos, porque nosotros somos quienes estamos aquí encarnados. Podemos vernos, por así decirlo, como el «personal de tierra» de las fuerzas luminosas. Con nuestras decisiones e intenciones, con nuestros pensamientos, sentimientos, palabras y actos, creamos juntos constantemente esta realidad.

La luz siempre está aquí

Si actualmente nos hallamos en una situación que para nosotros es un gran desafío, es importante que una y otra vez nos tomemos ratos –aunque sean solo diez minutos–, en los que conscientemente recordemos que nuestra realidad está hecha de mucho más que de las circunstancias físicas que hay a nuestro alrededor.

Por supuesto que vivimos en estas circunstancias, y no obstante en la realidad hay tantísimas cosas más que en estos momentos no podemos percibir, pero que están aquí, y que nos dan fuerza simplemente con que pensemos en ellas. El 98% del universo está hecho de cosas de frecuencia vibratoria sutil, y la materia densa es en realidad la excepción.

Podemos por ejemplo visualizar la imagen de cómo nuestros ángeles están a nuestro alrededor y nos apoyan, si se lo pedimos. Este solo pensamiento ya nos ayuda.

Cuando en el plano físico tenemos circunstancias difíciles, a veces solamente podemos sentir fuerza y esperanza si dirigimos nuestros pensamientos a lo que está «fuera» de la difícil situación actual: a nuestro yo superior, a nuestros ángeles protectores, a nuestra luz. Y al amor.

Porque el amor siempre está aquí, incluso aunque en este momento no podamos verlo.

Todo lo que tiene alma posee belleza

Por su naturaleza, todos los seres humanos son amor en su interior más profundo, porque nuestra alma está basada en el amor. Por eso las almas se ven tan bellas.

A veces me está permitido ver el alma de seres humanos. Cuando tengo la posibilidad, quedo siempre fascinada. Las almas se ven tan bellas... Esto no puede describirse de ningún modo con palabras.

Deberíamos aprender a ver de nuevo la belleza. Deberíamos conservar este saber y la correspondiente mirada, incluso en los tiempos actuales.

De nosotros depende, cómo traemos la luz aquí a la Tierra. Pero lo que necesitamos a toda costa para ello, es la mirada hacia lo divino.

Fuerza del alma

En el plano físico, la presión se incrementa cada vez más, y asimismo en el campo energético suele haber muchas cosas desagradables. Es comprensible que pasemos por momentos en los que nos sentimos inseguros, notamos miedo o estamos sobrepasados, y no deberíamos reprobarnos por ello.

Lo importante es que sencillamente conservemos una imagen interna o un sentimiento que nos dé esperanza y confianza, y que nos ayude a no perder del todo la noción de que las cosas finalmente se arreglarán. No deberíamos olvidar cuánta fuerza y luz hay en cada uno de nosotros. Incluso aunque tal vez en este momento nos sintamos sobrepasados y no veamos ninguna solución, o tengamos miedo.

En la Tierra sigue habiendo aún muchos seres humanos dormidos. Y sin embargo, ¡hay tantos que ya han logrado despertar! A nivel energético, actualmente tenemos que afrontar energías muy pesadas, porque en la Tierra hay mucho sufrimiento y miedo. Y no obstante aún logramos acordarnos del amor y de nuestra alma. Aunque no siempre los sintamos. Esto solo es posible porque cada ser humano que trabaja para la luz y el amor, tiene mucha fuerza en su interior.

Esta fuerza proviene de nuestro núcleo sagrado, de nuestra alma, de lo que somos realmente. Da igual por tanto lo que ahora mismo esté pasando en vuestra vida: nunca olvidéis cuánta luz y fuerza tiene cada uno de nosotros, ni que esta fuerza crea un campo conjunto muy potente.

Las cosas silenciosas

Nosotros los seres humanos hemos desaprendido algo, que consiste en escuchar las cosas silenciosas. Nos hemos acostumbrado a que cuando algo es importante, tiene que ser grande y muy sonoro. Hemos olvidado que también cuenta lo pequeño y delicado.

En este mundo tenemos tan acentuado lo grande y sonoro porque actualmente el mundo está dominado por la energía masculina y porque la energía femenina todavía está siendo relegada. Esto tiene que ver con nuestro tiempo actual. Pero el cambio que ahora se está produciendo, tiene también que ver con equilibrar ambas energías. La energía masculina no es mala, como tampoco lo es la femenina.

Se ha llevado conscientemente a la humanidad a dejar de escuchar la energía femenina. Pero necesitamos lo pequeño y delicado, y esa suavidad, para que la transición discurra mucho más fácilmente. Necesitamos ambas energías. La energía femenina es una energía que recibe, y cuando empezamos a recibir estamos mucho más abiertos al plano de lo sutil. Sin embargo, a la mayoría de los seres humanos no se les ocurre que haya algo así, porque estas cosas no son espectaculares. Muchas personas se aburren cuando las cosas no son espectaculares. Están acostumbradas a que cuando algo es supuestamente importante, sea imposible no oírlo.

Todos tenemos ambas energías —femenina y masculina— dentro de nosotros. Pero en la mayoría de las personas una energía es más intensa que la otra. De cuál de ellas se trate, no depende de que ahora mismo seáis un hombre o una mujer. Tiene algo que ver con vuestra alma y con vuestra tarea. Lo seguro es que necesitamos igualar ambas energías, para que la balanza vuelva a equilibrarse.

Todo lo que existe aquí en el plano físico, solo es en realidad energía condensada. Lo silencioso y delicado también es energía, y la energía transporta siempre determinadas informaciones. Es por tanto muy importante que aprendamos de nuevo a escuchar las informaciones de este plano silencioso y suave.

También la música es energía. La música de Bach y Mozart, o igualmente la música de Alexander Aandersan, que tanto me gusta escuchar, transporta informaciones bien determinadas. Estos seres humanos han servido de canal para traer a la Tierra determinadas cosas en forma de música. Esto es geometría sagrada, que está contenida en esta música. Desde luego que no toda la música que hay hoy en día es así, pero la música «auténtica», que viene de estos grandes compositores y músicos, sí lo es. Lo delicado es asimismo nuestro hogar espiritual, y cada vez que escuchamos una música bella y estamos abiertos a ello, recibimos lo que fue introducido ahí energéticamente, y algo cambia en el campo energético. También de esta manera podemos elevar nuestra propia vibración y la vibración en nuestro entorno.

Seres creadores

Cada uno de nosotros es un punto divino de manifestación. La Fuente divina reúne experiencias a través de nosotros. Viéndolo así, también nosotros somos seres divinos, también nosotros somos seres creadores, porque originariamente todos vinimos de la Fuente.

Existe no obstante una diferencia entre la Fuente y nosotros: El Creador original, la Fuente, creó todo cuanto existe en la totalidad de los universos.

Personas valientes

A pesar de la presión mundial actual a nivel externo, hay muchos seres humanos que transmiten confianza, esperanza y amor, y que de este modo pueden apoyar a otros –personas que mantienen la luz en muy diferentes lugares–. Toda persona que hace algo así, es alguien muy valiente. Está bien tomar consciencia de ello, aunque tal vez nosotros no nos sintamos en absoluto valientes.

Los seres humanos que sirven de inspiración a otros, fueron enviados como canales a la Tierra, para que los planos divinos, que habéis olvidado, reciban una posibilidad de llegar nuevamente a vuestra percepción. Y con el fin de que también vosotros recordéis de nuevo que lleváis el destello divino dentro de vosotros.

Si uno sabe cuántas cosas han sido tergiversadas y con ello olvidadas a lo largo de toda la historia de la humanidad, se comprende que actualmente los seres humanos necesiten una ayuda inicial que les impulse. Para que vuelvan a recordar todo aquello que han olvidado.

Quizás a veces da la impresión de que toda esta gran cantidad de esfuerzos no logran gran cosa, de que todo empeora en el plano físico. Pero todos estos seres humanos que mantienen la luz, son el ancla para un bello futuro.

¿Puede el enojo producir también algo bueno?

En este momento hay cada vez más personas que sienten enojo por muchas cosas que actualmente están sucediendo por todas partes.

Cuando sentimos enojo e ira es importante decidir qué hacemos con ello. Para muchas personas el enojo solamente tiene un significado negativo. Con él podemos actuar destructivamente y provocar caos. Pero también podemos utilizar el enojo para algo positivo. Si logramos dirigirlo en una dirección positiva, garantiza que tengamos la valentía de fijar límites, de defender algo o de hacer algo para lo cual, sin ese enojo, habríamos tenido demasiado miedo.

De manera que el enojo, si lo empleamos adecuadamente, puede sacarnos de una sensación de impotencia y ayudarnos a poner en movimiento cosas buenas. A veces tenemos que defendernos a nosotros mismos, y nuestro enojo puede darnos la energía necesaria y el impulso necesario para ello.

Lo que sucede en la Tierra repercute mucho más allá de ella

Lo que está sucediendo aquí en la Tierra en la fase actual, decide sobre nuestro futuro como humanidad. Hay seres que quieren esclavizar aún más a los seres humanos, y hay otros seres que quieren un futuro libre y bello.

Sin embargo, no se trata solamente del futuro de la Tierra. Todo esto es mucho más grande. Lo que está pasando aquí en la Tierra tiene consecuencias sobre nuestra galaxia. Por eso la Tierra es tan importante, y por eso hay tantos seres extraterrestres de luz y positivos en nuestro sistema solar. También ellos quieren que nuestro futuro sea un futuro libre —por un lado, porque la humanidad tiene derecho a libertad, y por otro lado porque saben que ellos tendrán paz, cuando las fuerzas de la no-luz dejen de tener éxito aquí en la Tierra.

De manera que en esta fase no estamos solos, sino que tenemos apoyo. Y no obstante aquí en la superficie de la Tierra nosotros tenemos que contribuir con nuestra parte. Porque somos nosotros los que vivimos aquí en la Tierra, y somos necesarios para un cambio positivo.

Vida extraterrestre

A mi entender, no solo la Tierra está habitada, sino que en la totalidad del universo hay vida inteligente por todas partes. Alguien me ha preguntado si el espacio interplanetario es infinito, pero esto no puedo responderlo. Porque el universo está compuesto de muchas dimensiones diferentes, y personalmente no puedo percibir todas las dimensiones. Pero lo que sí puedo decir con seguridad, es que en primer lugar el espacio interplanetario es mucho más grande de lo que somos capaces de ver a nivel tridimensional, y en segundo lugar que en numerosas dimensiones hay por todas partes una incontable multitud de seres y civilizaciones diversos –no meramente dos o tres, ni tampoco meramente diez o veinte, sino muchos, muchos más.

La mayoría de estos seres, vistos desde la perspectiva de los seres humanos terrenales, son de frecuencia vibratoria sutil, y en sus dimensiones superiores rigen leyes naturales completamente distintas, que los seres humanos no pueden imaginarse. Pero en el universo también hay vida física, tridimensional, tal como aquí la conocemos. Por supuesto que todo esto no aparece en los periódicos ni tampoco en los libros de texto escolares. Pero por el mero hecho de que no se nos diga, no significa que no exista.

Para algunas de estas variadas civilizaciones cósmicas, lo que está sucediendo actualmente sobre la Tierra tiene un cierto interés. Y entre estos extraterrestres que se interesan por nosotros, hay por una parte aquellos que nos quieren bien, y por otra parte aquellos que no nos quieren bien. Los buenos, que nos quieren bien, están dispuestos a ayudarnos y apoyarnos, y los otros, que no nos quieren bien, no lo están. Algunos de entre aquellos que no nos quieren bien, hace ya mucho tiempo que están actuando en la Tierra, especialmente hoy en día. Cuando uno contempla los acontecimientos mundiales actuales, se ve con claridad que verdaderamente no nos aprecian.

Lo que hacemos a los animales recae sobre nosotros

Los animales tienen al igual que nosotros un alma y una consciencia. Tienen sentimientos y pensamientos. Todo el sufrimiento que causamos a los animales, se introduce en el campo energético de la Tierra y produce ahí un efecto.

En qué medida una sociedad está sana, puede verse en distintos puntos. Uno de estos puntos es la forma en que trata a los animales. Porque la forma en que nosotros los seres humanos tratamos a nuestros hermanos y hermanas menores del reino animal, expresa algo sobre nuestra propia consciencia: o bien que miramos a los animales como si fueran algo que simplemente no tiene sentimientos, o bien que sabemos que también ellos tienen un alma y son seres divinos.

Cuando tratamos amorosamente a los animales, sana también el campo colectivo de los seres humanos y de los animales, y el campo energético de la Tierra.

Sobre la verdad

Hay solamente una única verdad. Cuanto más se eleva nuestra consciencia, tanto más podemos reconocer de esta verdad.

En la Tierra viven muchos seres humanos con niveles de consciencia muy diversos. Por eso hay tantas opiniones y puntos de vista. Pero las opiniones y los puntos de vista no tienen que ser necesariamente la verdad. De manera que es posible que en el curso de nuestra vida cambiemos nuestra opinión sobre algo, al adquirir de pronto una nueva perspectiva, porque nuestra consciencia ha cambiado y nos damos cuenta de que lo que considerábamos la verdad es diferente de como pensábamos que era.

Hay muchas opiniones y puntos de vista, pero en último término solamente una única verdad. Cuanto más se eleva nuestra consciencia, tanto más podemos ver de la verdad.

No sabemos qué no sabemos. Por tanto la mayoría de las veces tampoco sabemos cuánto de la verdad podemos ya reconocer. Paradójicamente, tan solo podemos saber realmente cuánta verdad vemos, cuando con nuestra consciencia vemos el cien por cien de la verdad. Mientras no somos capaces de ello, nuestra vida es un viaje hacia ahí –y por tanto un viaje hacia nosotros mismos–. Porque la verdad está siempre aquí presente, la única cuestión es si nosotros mismos podemos percibirla.

Pensamientos y sentimientos

Nuestra realidad personal, nuestra propia vida, suele ser un espejo de nuestra consciencia personal. Este espejo no nos muestra solamente lo que sabemos por nuestra consciencia diurna. También nos muestra nuestros puntos ciegos y temas sin resolver.

Despertar significa recordar que somos seres divinos y amorosos. Pero igualmente significa que deberíamos estar dispuestos a reflexionar sobre nosotros mismos, para reconocer los temas y bloqueos que todavía tenemos, que nos separan de lo que realmente somos.

Se dice que nuestros pensamientos crean nuestra vida. Esto solo es parcialmente cierto. Porque son los sentimientos y las emociones los que determinan lo que atraemos a nuestra vida. Por ejemplo, si siempre decimos: «Tengo confianza», pero a nivel emocional tenemos miedo, atraemos miedo a nuestra vida y no confianza.

Por eso, uno debería preguntarse una y otra vez: ¿cómo puedo sentir verdaderamente lo que quiero atraer a mi vida?

Simplemente no hacer nada

Deberíamos tomarnos una y otra vez un tiempo para nosotros solos, en el que simplemente no hagamos nada.

Si en el mundo físico todo está cabeza abajo, lo único que siempre es realmente estable y seguro es lo que nosotros somos en nuestro núcleo. Por eso es importante que una y otra vez nos conectemos con nosotros mismos.

Cada uno de nosotros es luz y tiene un núcleo en armonía, independientemente de cómo nos sintamos en este momento. De este núcleo en armonía que hay en nosotros, podemos tomar fuerza y estabilidad.

Mi sueño

Tuve recientemente un sueño que me ha recordado mucho la situación mundial actual y que quisiera relataros aquí.

Al comenzar el sueño, yo veía diversas ciudades en las que grandes grupos de personas iban de un sitio a otro prendiendo fuego a edificios y provocando caos. La situación se hizo tan grave, que muchos habitantes comenzaron a huir de las ciudades al campo. Pero luego he visto cómo por todas partes en la Tierra había personas que se juntaban y formaban pequeñas islas de luz –simplemente por el hecho de que cada una de ellas hacía lo que su corazón sentía oportuno, para traer luz a la Tierra–. Por todas partes había esparcidas esferas de luz, creadas por las personas que habían despertado. Estas numerosas esferas de luz existían durante un tiempo breve, de forma paralela a todo el caos imperante. Pero de pronto yo sentía que algo cambiaba en el campo colectivo, como si algo hubiera hecho «clic». Y de un segundo a otro, sin previo aviso, todas esas esferas de luz explotaron en todos los lugares del mundo. Conjuntamente con la luz que llegaba adicionalmente desde el mundo espiritual, una ola de luz fluyó por el planeta. Esta ola de luz transformó la Tierra, y de algún modo todo el caos terminó. Aunque el mundo tenía un aspecto similar al de antes de la ola de luz, todos los colores eran más intensos y brillantes. Se veía como una nueva Tierra –como si se hubiera puesto un vestido nuevo–. Este fue mi sueño.

Esto es aproximadamente lo que también me imagino en la realidad. Creo que actualmente nos encontramos en un tiempo en el que las circunstancias externas posiblemente se volverán aún más descabelladas. Pero nuestra tarea consiste en mantener nuestra luz, pese a todos los miedos, preocupaciones e incertidumbres. Esto lo están haciendo ya muchas personas por todas partes, y dado que mantenemos juntos la luz en la Tierra, habrá un momento en el que súbitamente esta luz se esparcirá como una ola por toda la Tierra. Después diremos que todo ha sucedido muy deprisa. Y quién sabe, tal vez suceda como en mi sueño, casi sin previo aviso.

Por eso es importante que ahora no nos dejemos arrastrar por el miedo ni por las preocupaciones –o que, si de todos modos alguna vez nos pasa, encontremos un camino de salida–. Porque con miedo no podemos mantener nuestra luz, nuestro amor ni nuestra confianza. Pero esto es exactamente lo que ahora se necesita.

Deberíamos recordar una y otra vez que al final todo saldrá bien. Y deberíamos tratar de encontrar lo positivo en todo. Si a veces no podemos verlo, por lo menos deberíamos creer que está aquí.

Lo bueno está aquí con toda certeza, en todos los lugares del mundo. Puede que simplemente acabe justo de esconderse.

Lo que vi
antes de mi encarnación

Para que en el campo colectivo los platillos de la balanza se decanten hacia lo bueno, no es absolutamente necesario que una mayoría de personas hayan despertado. No es absolutamente necesario el 51% o más. También es posible siendo menos.

Porque cuanto más elevada es la vibración de un ser humano, tantas más energías de baja vibración puede compensar él en el campo colectivo. Es decir: un ser humano de alta vibración puede compensar la consciencia de mil seres humanos o incluso de muchos más, de acuerdo a su grado de consciencia. Este es el motivo por el que no tiene que haber despertado necesariamente el 51% de la humanidad.

Antes de encarnar vi que llegaba un momento en el que tantas personas conscientes y despiertas se conectaban entre sí y mantenían la luz, que se producía una fractura completa en la matriz de las fuerzas de la no-luz. Por eso sé que esto es posible. Fue como si primero yo hubiera visto muchísimos puntos de luz por todas partes en la Tierra. Cada vez eran más, y más, y los puntos de luz se conectaban entre sí. Entonces se produjo de pronto esa fractura en la matriz, y vi venir a la Tierra un rayo de luz gigantesco. En ese momento lo supe: vale la pena encarnar aquí, porque todo saldrá bien.

Lo importante es que las personas que ya son más conscientes, mantengan su vibración, y para ello se necesitan nuestros sentimientos positivos.

¿Qué es verdadera inteligencia?

Últimamente suelo oír que a consecuencia de las crisis y guerras actuales las personas ahora han «despertado», porque por fin captan más lo que se trama en un segundo plano de los acontecimientos mundiales. Yo no lo veo del todo así.

No veo así que todo aquel que haya mirado un poco detrás del escenario, haya por eso despertado ya completamente. Habrá despertado en parte, y en verdad en esa parte que tiene que ver con «conocimientos». Pero la parte más grande del despertar, para mí consiste en reconocer que somos seres multidimensionales y que, bajo todas las capas y programas que hemos adoptado en el curso de nuestras encarnaciones, somos amor. Para mí, despertar significa reconocer que todos somos almas divinas inmortales.

Algunas personas creen estar despiertas, cuando ahora se dan más cuenta que antes de los motivos de fondo en la política, pero de este modo olvidan que el despertar verdadero y completo incluye que recordemos lo que somos en nuestro núcleo más profundo y por qué hemos venido aquí a la Tierra.

Alguien que está despertando cada vez más, es también cada vez más consciente de quién es él realmente. Al mismo tiempo puede cuestionar las interrelaciones sociales, puesto que sabe que en este gran juego del olvido se nos muestran muchos pequeños montajes teatrales. Alguien que está despertando, empieza a darse cuenta en algún momento de que la inteligencia es mucho más que lo que la mayoría de las personas entienden por esta palabra.

Frecuentemente relacionamos «inteligencia» con personas que han acumulado muchos conocimientos teóricos o técnicos, o que con su intelecto desarrollan ideas y proyectos que no todo el mundo es capaz de idear fácilmente. Pero suele suceder que en todo esto no hay solamente ideas buenas y positivas. Hay personas que son en este sentido muy inteligentes y que inventan o construyen armas que, por ejemplo, pueden detectar lo que no está al alcance de la vista. Otras personas forjan planes y diseñan estrategias sobre la mejor manera de manipular a seres humanos o de organizar guerras. A mi modo de ver, alguien que con su intelecto crea algo que causa daño a la naturaleza y/o a sus seres vivos, no es inteligente, sino por el contrario extremadamente estúpido.

A escala mundial, cada seis segundos se tala una superficie de bosque del tamaño de un campo de fútbol –las 24 horas del día–. Y cada segundo mueren en todo el mundo unos 50.000 animales a manos humanas. Ciertamente que no hay nada más estúpido que la destrucción de los propios recursos vitales o la aniquilación de seres vivos. De modo que inteligencia no significa simplemente que alguien tenga muchos conocimientos o muchas ideas, o que invente algún tipo de cosas. Para mí, la verdadera inteligencia significa que alguien está conectado a su corazón, que su conciencia está a favor del bien y que utiliza sus ideas para proteger vida y mantener vida.

Si vemos el mundo con esta mirada, debemos constatar que muchas personas influyentes muestran fuertes signos de estupidez. Estas personas, sin embargo, confunden esto con inteligencia. Pero también es un hecho que nosotros, como colectivo de la humanidad, hemos favorecido y permitido esta evolución. De otro modo, las cosas no habrían llegado tan lejos.

Aunque cada vez más personas están despertando, en el tiempo que se avecina tendremos que afrontar otra vez cosas que serán un reto para nosotros y que hasta ahora no habíamos vivido. Al final todo saldrá bien, esto lo sé. Pero hasta entonces será como una montaña rusa, porque los dirigentes del viejo sistema no se irán voluntariamente, sino que una vez más harán todo lo posible para sumir a la humanidad en el miedo y el sufrimiento.

Pero el amor permanecerá, y todo lo demás marchará. Porque la Tierra continúa elevando su vibración –a pesar de todo lo que sucede con los seres humanos actualmente.

Ahora y en el futuro necesitamos personas que no solamente despierten al conocimiento intelectual, sino a su corazón y con ello a la voz de la conciencia –personas que por tanto hacen uso de la inteligencia de su corazón para el bien de todos–. Porque solamente esto es verdadera inteligencia. La destrucción es estupidez.

Conectarse con personas así, que igualmente quieren una cooperación amorosa, veraz e inteligente en este mundo, es a día de hoy más importante que nunca.

Lo divino está en todas partes

Es importante que prestemos atención a permanecer en nuestra energía. Lo que siempre puede ayudarnos a ello, es orientar nuestros pensamientos a lo divino.

Lo divino está en todas partes —también aquí en la Tierra en cada animal, en cada planta, en todos los seres humanos, en cada objeto—. Algunas personas ven lo divino como algo que está por encima de nosotros. Pero lo divino está igualmente en nosotros y en todas partes a nuestro alrededor.

Si nos concentramos en lo divino, podemos tener más compasión, podemos encontrar más belleza en nuestra vida y sabremos que en todo puede encontrarse algo bueno. Porque lo verdaderamente divino es amor.

En todo hay un significado más elevado, y el solo hecho de pensar en ello nos hace bien —incluso cuando en una determinada situación todavía no podamos reconocer dicho significado—. De esta forma nuestra consciencia establece una conexión con seres más elevados, que tienen la visión general sobre las cosas de aquí en la Tierra y que así pueden reconocer desde esa perspectiva el significado superior.

Sanar la soledad

Hay muchas personas que dicen que se sienten solas o aisladas. Para mí hay una diferencia entre «estar solo» y «estar aislado». Estar solo es simplemente un estado. Por ejemplo, podemos estar solos en una habitación o en la naturaleza.

Estar aislado es un sentimiento. Podemos tenerlo cuando estamos solos, pero también precisamente cuando estamos rodeados por muchas personas. El sentimiento de aislamiento siempre tiene que ver con una separación. Si queremos sanar en nosotros la sensación de aislamiento, debemos sanar esa separación –a saber, la separación de nosotros mismos–. Es decir: de lo que es nuestro núcleo más profundo. Nuestro destello divino. El amor, que nosotros somos. Solamente podemos sentirnos verdaderamente aislados, si estamos demasiado separados de él.

Cuando estamos verdaderamente bien conectados con nosotros mismos, no nos sentimos aislados. Claro que podemos estar solos, pero jamás aislados. Porque encontramos todo en nosotros mismos. Muchas personas se pasan la vida buscando y tan solo después de mucho tiempo se dan cuenta de que en verdad siempre han estado buscándose a sí mismas: a su núcleo más profundo y divino, que es luz pura y amor.

De hecho necesitamos precisamente esta conexión, si queremos atravesar bien el tiempo que se aproxima, y si queremos hacerlo ayudando a que lo no-sano en este mundo sane. Para que después pueda surgir un mundo en el que los seres humanos actúen desde su corazón, y así ayuden a crear nuevamente un paraíso en el que todos los seres puedan ser felices.

Recuperar nuestra fuerza

Cuando nos sentimos impotentes, a veces esperamos que venga alguien y nos traiga la solución –que por así decirlo nos salve–. Es totalmente normal que tengamos esta esperanza en momentos en los que creemos que nosotros mismos no tenemos la solución.

Hay sin embargo algo que no deberíamos olvidar: toda persona que está afectada por una situación, es al mismo tiempo parte de la solución para la respectiva situación. Cada uno de nosotros puede hacer algo. Por supuesto que hay personas que pueden influir más que otras sobre una situación, pero cada persona en particular puede aportar su parte de la solución.

Pero esto solamente es posible cuando recordamos que todos tenemos una fuerza. Porque en cuanto nos sentimos impotentes y decimos: «Yo mismo no puedo hacer nada, pero la persona H lo resolverá todo por mí», cedemos con ello la fuerza y la parte de la solución que tenemos en nosotros mismos.

Es importante que una y otra vez recuperemos nuestra fuerza y la parte de la solución que es nuestra.

Salir de un ciclo perjudicial

Todo lo que hacemos tiene un efecto, y en algún momento volverá a nosotros de alguna manera. Si hacemos algo amoroso, esto es exactamente lo que volverá a nosotros. Y al revés, si hacemos algo perjudicial, también esto es lo que volverá a nosotros.

Existe una posibilidad de salir de un ciclo perjudicial. Si estamos sinceramente dispuestos a cambiar para mejor, y si estamos dispuestos a perdonarnos a nosotros mismos y a los demás implicados, romperemos el ciclo perjudicial y podrá comenzar un camino más bello.

El perdón sana el karma y garantiza que sea posible un nuevo comienzo, sin lo antiguo.

El amor puede mostrarse de diversas maneras. El perdón es una parte del amor, al igual que la comprensión y la compasión.

Al final siempre es el amor, el que trae sanación.

¿Dónde encontramos nuestro apoyo interior?

Algunas personas, con frecuencia inconscientemente, se identifican por ejemplo con su dinero en la cuenta bancaria o con su puesto de trabajo. De este modo su apoyo interior está en su dinero o en su trabajo. Para estas personas el tiempo que se aproxima será más difícil.

En cambio, si tenemos nuestro apoyo interior en nosotros mismos, en nuestra alma, por una parte las cosas serán más fáciles para nosotros en el tiempo que se avecina, y por otra parte nuestro apoyo interior estará exactamente allí donde debería estar desde el principio: en nosotros, como alma. Esto es lo que somos realmente.

Para que podamos encontrar nuestro apoyo en nosotros como alma, es importante que primero abramos nuestra consciencia al hecho de que somos más que nuestro cuerpo, de que somos almas inmortales y lo fuimos desde siempre. Solamente lo hemos olvidado.

Es el silencio, el que nos ayuda a conectarnos con nuestra alma. Por medio de nuestra intención, podemos tratar de establecer una conexión con nuestro corazón o con nuestro cuerpo de luz. En el silencio podemos también pedir a nuestros asistentes espirituales que nos ayuden a sentir la conexión con nuestra alma. Porque la conexión siempre está ahí, solo que a veces no la sentimos de forma consciente.

Nuestra paz interior

La situación en el mundo es un gran espejo para toda la humanidad. Hay muchas guerras, aunque no todas se realicen con misiles y tanques.

Cuando vemos que hay guerra en el mundo, esto significa que la humanidad tiene algo en su consciencia que permite que pueda producirse algo así. Si la humanidad tuviera paz interior colectiva, no sería en absoluto posible que se produjera algo así. Pero la humanidad todavía no tiene esta paz interior.

Cada uno de nosotros es una parte de la humanidad. Si queremos paz colectiva, deberíamos empezar por nosotros mismos. Podemos preguntarnos:

- ¿En qué cosas no estoy aún en paz conmigo mismo y con mi vida?
- ¿En qué no me perdono aún a mí mismo o a otros?
- ¿En qué no he hecho aún las paces con mi pasado?

Solamente nosotros mismos podemos decidir que queremos seguir el camino hasta llegar a nuestra paz interior.

Es responsabilidad nuestra que decidamos por nosotros mismos lo que verdaderamente queremos, tanto en nuestra vida personal como en el mundo. Es importante que una y otra vez recordemos que queremos paz, que queremos más amor, compasión y comprensión para todos los seres vivos aquí en la Tierra.

Si queremos que se acabe la guerra en la Tierra, debemos terminar la guerra en nosotros mismos. Solo si como seres humanos tenemos paz interior, es realmente posible que algún día se mantenga a largo plazo la paz en la Tierra. No podemos obligar a otras personas a que cambien. Pero podemos cambiar nosotros mismos. Hacia más paz.

La valentía de decidir

Deberíamos tener la valentía de cambiar cosas, cuando sentimos que ya no nos convienen.

A veces este tipo de decisiones pueden dar miedo, pero deberíamos estar dispuestos a pasar a través de nuestro miedo y a hacer no obstante lo que es bueno para nosotros. Esta es la valentía que necesitamos para hacer caso a nuestro corazón. Él siempre sabe lo que es bueno para nosotros.

Si queremos ver un cambio en nuestra vida, debemos empezarlo nosotros mismos. El mundo espiritual y de la luz puede apoyarnos y lo hará, pero los pasos debemos darlos nosotros mismos.

De un minuto al siguiente

En tiempos como este puede darnos una gran esperanza y confianza recordar siempre que no estamos solos, sino que en todos los lugares hay muchas personas que al igual que nosotros quieren un mundo en armonía, y que además este mundo en armonía llegará con toda seguridad. Porque de esto no hay duda. El mundo no se hundirá, y al final todo saldrá bien.

Si en la Tierra un número suficientemente grande de personas están simultáneamente satisfechas con su vida, tan solo durante un único día, todo el sistema negativo caerá. De un minuto al siguiente puede cambiar todo.

Por lo tanto esto tiene que ver con cada uno de vosotros. Tal vez vosotros sois efectivamente esa última gota que hará que el barril se desborde. Estad satisfechos o, mejor aún, sed felices, y no tengáis miedo ya –pase lo que pase.

¿Estamos dispuestos
a recibir la luz?

Hay algunas almas cuya vibración es especialmente elevada, que están encarnadas en la Tierra y traen aquí su luz. Las hay que son conocidas públicamente, y las hay desconocidas, que obran ocultamente.

Que esta luz ayude o no a los seres humanos a volverse más conscientes y amorosos, depende no obstante de los propios seres humanos. La luz de estas almas solo producirá un efecto en la humanidad si los seres humanos están dispuestos a abrirse a esta luz.

Todo depende de la orientación consciente de los seres humanos. Según cómo está orientada nuestra consciencia, estamos o no abiertos a determinadas energías. Si queremos ayuda luminosa, debemos estar también dispuestos a recibir la luz.

Pioneros espirituales

Como el plan divino previó que en este siglo tendría lugar una revolución espiritual, hizo los correspondientes preparativos en el siglo precedente. Se enviaron por tanto pioneros que efectuaron el trabajo previo y que, por ejemplo, escribieron los primeros libros espirituales.

Estas almas pioneras, que ya estuvieron aquí hace decenios y siglos y que ya vivieron la espiritualidad en los tiempos oscuros –lo hicieron voluntariamente, porque ellas mismas quisieron, y no porque alguien se lo dijera.

Por eso mi gratitud no es solamente para aquellos que todavía vendrán, sino también para los que precisamente ahora están aquí y para aquellos que ya estuvieron.

Mantened la luz encendida

Actualmente están sucediendo muchísimas cosas en nuestro mundo. Encontramos muchas informaciones acerca de lo que ahora mismo pasará o podría pasar, y cómo o dónde ocurrirá. Lo que es seguro es que actualmente se está desarrollando una pugna entre la luz y las fuerzas de la no-luz.

Por ello, tratad de sentir por vosotros mismos en qué lado situaríais cada información. Porque se llevan a cabo muchas cosas buenas en un segundo plano, de las que solamente oímos hablar si nosotros mismos buscamos esas informaciones. Lo cierto es que muchas cosas buenas están saliendo a la luz, o todavía saldrán. Sin embargo, suele suceder que esa verdad tenemos que buscarla nosotros mismos.

Para mí está claro que cada uno de nosotros tiene un papel en el plan divino. Debido a su papel, unos tienen que hacer más que otros, y tal vez se muestren en público, pero son necesarias todas las personas con buenas intenciones, para que el tiempo que se aproxima sea para nosotros lo más positivo posible. No vendrá un «salvador», y luego todo estará bien. Claro que hay personas que como individuos podrían hacer verdaderamente mucho bien, si estuvieran en las posiciones adecuadas. Pero cada uno de nosotros es necesario. Cuando muchas personas hacen algo en pequeña escala, también de ello surge algo bueno.

Existen redes luminosas sutiles alrededor de la Tierra. Los delfines y ballenas, por ejemplo, mantienen una de estas redes de luz. Igualmente nosotros los seres humanos tenemos ahora la tarea de intensificar la red de luz de la Tierra, justamente en el tiempo actual, en que tantas personas tienen miedo y están preocupadas.

Me doy perfecta cuenta de que algunas personas ahora mismo no lo tienen realmente nada fácil. Algunas no saben cuál será su situación económica, qué va a pasar con su puesto de trabajo, etcétera. Precisamente en tales momentos, en los que uno cree desesperar, es importante tratar de sentarse y conectarse con nuestra luz interior. Uno puede tal vez tomarse media hora al día –o unos minutos de vez en cuando– para conectarse con la propia luz y recordar que nuestros ayudantes espirituales nos ayudan tanto como pueden, tan solo con que se lo pidamos y nos conectemos con el amor y el agradecimiento.

Ante todo el agradecimiento es una importante ayuda –agradecimiento porque, pese a todo, disfrutamos de una vivienda cálida, porque podemos respirar y percibir a nuestros seres amados, etcétera–. Con agradecimiento todo nos resulta más fácil, porque tenemos nuestros pensamientos en campos positivos. Esto nos da fuerza, confianza y esperanza.

Me parece asimismo importante que recordemos que en el plano de nuestra alma sabíamos que vendría un tiempo que no sería fácil, con muchos retos para nosotros, pero que después nuestra situación mejoraría. Por supuesto que entonces no todo será estupendo de inmediato. Porque muchas personas tendrán aún las programaciones antiguas y todavía obrarán según esas programaciones. Pero cuando la Tierra esté más purificada, los seres humanos más conscientes lo tendrán más fácil para poder hacer un mundo nuevo.

Tanto ahora, en los meses que seguirán, como luego, cuando durante cierto tiempo todo vuelva a tener una cierta estabilidad, es preciso que nosotros como humanidad reunamos reconocimientos. Porque solamente cuando muchas personas llegan a reconocimientos, estos se vuelven más intensos en el campo colectivo. Y la humanidad necesita reconocimientos. Acerca de todo. Acerca de sí misma, pero también acerca de lo que ha ido sucediendo en el mundo, sin que fuéramos conscientes de ello. Cada reconocimiento nos hace despertar un poco más. Nuestra consciencia se vuelve más abierta, y esto influye sobre nuestro colectivo y por tanto sobre los acontecimientos en la Tierra.

Nuestra responsabilidad
de ser felices

Pregunta: ¿Puedo acaso ser feliz, a la vista del hecho de que actualmente en la Tierra están sucediendo tantas cosas horribles?

Respuesta: Sí, es incluso nuestra responsabilidad y nuestra obligación ser felices –precisamente ahora, en esta fase del tiempo–. Porque si somos felices podremos ayudar de la mejor manera posible, tanto a nosotros mismos como a otras personas, y con ello al mundo entero. El miedo y el estado de infelicidad enferman. Pero cuando nos va bien, y cuando somos felices, podemos contagiar a otras personas nuestro estado saludable y nuestra felicidad.

Decídete por el amor

La decisión de la Tierra está clara: el amor. Esta transformación no afecta solo a la Tierra, sino también a otros planetas y a todo el universo. Pero el solo hecho de que la Tierra se haya decidido, no significa que todos los seres humanos ya se hayan decidido, cosa que es exactamente lo que nosotros podemos hacer ahora. Y en el caso de que ya hayamos decidido que queremos ir en dirección al amor, deberíamos obrar ahora de acuerdo a ello.

Deseamos un mundo en armonía, en el que haya respeto mutuo y en el que reine por tanto la armonía. Este es el deseo que tenemos. Todos aquellos que ahora mismo participan activamente en explicar a otras personas determinadas verdades que para muchos de nosotros hasta ahora estaban ocultas; todos los que tienen que pensar en cómo podrán sobrevivir los próximos meses; todos aquellos a los que les va relativamente bien y que envían pensamientos positivos al campo energético, y también aquellos que se manifiestan con acciones silenciosas de protesta –en esencia, todos quieren lo mismo, un mundo en armonía.

Este mundo en armonía solamente puede surgir si nos decidimos por el amor y, con estos pensamientos de amor, hacemos las cosas que actualmente sentimos adecuadas. Necesitamos la decisión de cada uno en particular a favor del amor, porque el amor es la energía que devuelve la armonía a nuestro mundo. Precisamente ahora es tan importante tomar muy conscientemente esta decisión a favor del amor, según el caso puede que incluso varias veces al día, una y otra vez; porque con ello cada vez emitimos el impulso del amor.

En realidad no debería sorprendernos comprobar que lo que denominamos nuestra democracia no está realmente interesada en el bien de los seres humanos, sino en el control, la vigilancia, etcétera. Porque todo sistema político –da igual que se llame «democracia» o que lleve otro nombre– que no incluya el amor, no pondrá en primer lugar el bien de los seres humanos, sino que jugará un juego, para mantener la ilusión de que se actúa por el bien de los seres humanos. Pero en verdad siempre estará lleno de influencias manipuladoras, ya que nuestros gobiernos no tienen ni la primera palabra ni la última en el sistema en que vivimos. También los gobiernos son receptores de órdenes de otras instancias, sobre las cuales muchas personas todavía no saben absolutamente nada, o no lo saben todo.

Cuando desde el amor hacemos lo que sentimos que es adecuado para nosotros, se eleva nuestra propia vibración. Si nos decidimos conscientemente por el amor, esto no significa que automáticamente debamos tener siempre un buen día. Quizás alguna vez nos sintamos cansados o notemos que todo se nos hace demasiado largo. Podemos tratar entonces de tener comprensión e indulgencia con nosotros mismos. Porque en nuestro propio campo energético no están solamente las cosas que personalmente nos pasan en la vida, sino que también nos afecta el colectivo de la humanidad.

Hoy en día hay mucha preocupación, miedo y desesperación en el campo colectivo; y todos nosotros estamos conectados a este campo colectivo. Por eso es importante que nos tomemos una y otra vez tiempo para nosotros, en el que recordemos nuestra luz y nos preguntemos si la tensión que tal vez sentimos, viene realmente de nosotros mismos o del colectivo.

Lo que no quieren las fuerzas de la no-luz, es que el mayor número posible de personas despierten. Cuanto más miedo tienen las personas, tanto más están desconectadas de su amor. Por eso surge actualmente tanto sufrimiento. Pero todas las personas que de forma pacífica hacen algo bueno y que desean sentir el amor, pueden introducir algo positivo en el campo colectivo. Y a la vez que uno mismo se siente entonces mejor, otras personas lo tendrán también más fácil para recorrer este camino, dado que ya se habrá hecho un trabajo previo.

Por tanto, hagáis lo que hagáis, y tanto si lo hacéis activamente como si no: ¡hacedlo con amor! Y decidíos una y otra vez de nuevo y muy conscientemente por el amor.

Crear oasis de luz

La Tierra se halla actualmente en una transición. Esto también se refiere a nosotros los seres humanos. También nosotros estamos en un tiempo de transición. En este tiempo puede haber inestabilidad social y momentos en los que tengamos incertidumbre y todavía no podamos ver cómo seguirán las cosas a largo plazo. Esto no se puede evitar totalmente, debido a que en la Tierra hay mucha inconsciencia y a veces aún no puede verse el nuevo mundo.

El mundo nuevo y bello surge además con lo que nosotros aportamos conscientemente, cada cual en su ámbito. El nuevo mundo no surge a base de que simplemente esperemos a que el sistema cambie o a que alguien nos salve. Naturalmente que tenemos ayuda y que pueden producirse milagros. Pero no hemos de olvidar que nosotros mismos podemos aportar algo. Esto es incluso muy importante.

De modo que se trata de que nosotros nos juntemos con personas afines y de que conjuntamente hagamos algo nuevo que sirva a lo bueno y bello. Con ello estaremos creando en todas partes oasis de la luz, y a partir de estos oasis de la luz surgirá después el nuevo mundo.

Sobre el alma

Para mí, el alma es esa parte de nosotros que en el origen surgió de la Fuente. El alma es por tanto divina y amor puro. Nuestra alma lleva el destello divino y la consciencia, que está unida a la Fuente.

El alma es inmortal y de sustancia sutil, y puede por ejemplo encarnar en un cuerpo humano. Entonces su consciencia se introduce y se expande en el cuerpo y en la mente, de manera que el cuerpo y la mente tienen una consciencia independiente. Por lo tanto, cuando estamos encarnados tenemos la consciencia del cuerpo y la consciencia de la mente.

Nuestra alma es en su núcleo amor puro. Cuando encarnamos, puede no obstante suceder que, por ejemplo a causa de shocks, nos desconectemos de nuestra verdadera esencia, el amor. Si estamos desconectados del amor, también se interrumpe la conexión con nuestra alma. Cuando los seres humanos despiertan, sucede exactamente lo contrario: vuelven a conectarse con su alma y así entran de nuevo en contacto con el amor, que realmente son.

El mundo en el que actualmente vivimos, está en gran parte orientado a mantenernos alejados de nuestra alma –por ejemplo mediante sustancias nocivas que incorporamos a través de los alimentos o del aire, o mediante la mayoría de las noticias que oímos o vemos en los periódicos, en la radio y en la televisión, o incluso mediante determinada música que escuchamos, etcétera–. Por esto es tan importante que una y otra vez recordemos lo que realmente queremos –a saber, ser eso que, bajo todas las capas de «papel de envolver», somos desde siempre: amor.

Así lo hago a veces yo: cuando voy en tren, contemplo a las personas y les envío mi amor. Sé que muchas aún duermen. Pero desde que nací aquí en la Tierra, tengo en mí una imagen del bello aspecto que en verdad tiene la humanidad. Siempre pienso entonces en esa imagen y les envío amor. Sé que los seres humanos son verdaderamente tan bellos. Fueron originariamente concebidos como bellos seres, que además protegieran y cuidaran la Tierra y todo lo que vive en ella. Yo sigo percibiendo esto. Simplemente está un poco escondido –en alguno un poco más que en otros–. Pero esta belleza la llevan todos los seres humanos dentro de sí.

La noche oscura del alma

Cuando uno se halla precisamente en una denominada «noche oscura del alma», ya no siente la conexión con el propio núcleo divino. En una noche oscura del alma salen a la superficie partes de la consciencia hasta ahora reprimidas, en las que todavía tenemos emociones de baja vibración –como miedo, ira, tristeza, desesperación, etcétera.

En una noche oscura del alma, sin embargo, todo esto sale a la superficie para que nuestras «partes de sombra» puedan ser integradas y sanadas. Esto quiere decir que en ese tiempo uno está con frecuencia en estados emocionales que son cualquier cosa menos felices. Una noche del alma semejante puede ser de duración muy diversa, a veces incluso de meses. Pero cuando se ha atravesado este tiempo, uno está luego mucho más en su luz.

Cuando contemplo la situación que actualmente tenemos en la Tierra, me parece como si estuviéramos colectivamente en alguna noche oscura del alma: en los seres humanos se despiertan miedos ancestrales, y las «partes de sombra» de este mundo se vuelven cada vez más evidentes. Pero a la vez sabemos que esta fase pasará, ya que una noche oscura del alma no dura eternamente. En nuestro caso desde luego que todavía durará, porque todos nos damos cuenta de que los gobiernos no tienen intención de hacer que sus países regresen al estado que había en ellos antes de toda esta historia.

Pero al final todo saldrá bien y el amor se expandirá por la Tierra. Todo esto no es más que un intento de impedir que el amor se extienda: pero el amor no se puede impedir, solo se puede retardar.

Así que lo mejor que podemos hacer en las actuales circunstancias es concentrarnos en las cosas positivas, sentir confianza y decidirnos conscientemente por el amor y la luz en nuestra vida cotidiana. Aunque no podamos influir directamente sobre muchas de las cosas que se están desarrollando ahora en la Tierra, podemos no obstante cambiar nuestra forma de pensar y de sentir, en la medida en que para ello tengamos la necesaria autoobservación. Miremos por tanto de no perder la valentía y de decidirnos una y otra vez por el amor a nosotros mismos, a todas las demás personas, a los animales y a la naturaleza. Puede que todavía tengamos ante nosotros un tiempo algo accidentado, pero al final el amor se pondrá al frente. Esto es seguro.

Haz que te vaya bien

Con toda la agitación y todo lo que está pasando hoy en día en el mundo por todas partes, es especialmente importante que cuidemos de que en este tiempo nos vaya lo mejor posible. Solo así podremos conservar la esperanza y la confianza de que al final todo irá bien. Y solo así podremos enviar cada día sentimientos positivos al campo colectivo. Estos sentimientos positivos no solamente nos hacen bien a nosotros mismos, sino que contribuyen a que haya más positividad en lo colectivo. Y cuanto más aumenten en este campo la alegría, el amor, la satisfacción y la confianza, tanto más fáciles resultarán los próximos meses.

Podemos imaginarnos mentalmente cada día cómo es un mundo en armonía, hasta que lo sintamos. Entonces lo manifestaremos por medio de nuestros sentimientos. Aunque tenemos ayuda de los planos sutiles, también nosotros mismos debemos aportar algo. Cada uno de nosotros es importante. Cada cual puede imaginarse mentalmente cómo es un mundo en armonía, sentirlo y de este modo colaborar.

Nunca ha habido nada que surgiera sin una visión. Las cosas tienen que estar presentes en el plano sutil, antes de poder manifestarse en el plano material.

Al final todo saldrá bien, esto es seguro. Para ello se necesita no obstante la colaboración de cada uno de nosotros. En cuanto comprendemos esto, tenemos la responsabilidad de enviar nuevamente algo positivo, una y otra vez, al campo de consciencia colectivo. No olvidemos al hacerlo las «pequeñas» cosas de la vida cotidiana: una sonrisa, una mirada amistosa, una palabra cariñosa –todo esto es más importante de lo que tal vez creamos.

Islas de la luz

Podemos imaginarnos que cada ser humano que hace brillar la luz de su corazón, iluminando así su entorno, crea una isla de la luz. Tanto si es en casa, es decir una isla estacionaria, como si nosotros vamos de camino a algún lugar: siempre dejamos una estela de luz.

Cuando hacemos brillar nuestra luz, esto no solo es saludable y bueno para nosotros mismos, sino que con ello también otras personas pueden ganar más confianza y esperanza. Pueden volver a recordar más fácilmente lo positivo, y se sienten mejor. Este es un gran regalo que podemos hacer a otras personas.

Tal vez hayáis notado ya en alguna ocasión, un día en el que a vosotros os va particularmente bien, que estáis ayudando a otros, después de pasar un rato juntos, a que igualmente les vaya bien. Su aspecto se vuelve entonces muy diferente, tanto en el plano denso como en el sutil, porque acabáis de ayudarles a reconectarse más con su alma –simplemente transmitiéndoles positividad.

De manera que todos podemos crear islas de luz, allí donde ahora mismo estamos. Y podemos imaginarnos que esto no solamente sucede donde nosotros estamos, sino en todos los lugares del mundo. Que cada vez hay más puntos de luz en la Tierra, y que además esto puede verse, si se contempla la Tierra desde lo alto. Con ello alegramos por tanto a nuestros ayudantes de frecuencia vibratoria sutil y hermanos de la luz, que siempre nos observan. La red de estas islas de luz se vuelve cada día un poco más densa. Porque hay algo que con seguridad no podremos leer en el periódico ni ver en la televisión: a cada instante hay más seres humanos que despiertan un poco más.

Si con todo lo que está sucediendo actualmente, se da el caso de que algún día nos sentimos desanimados, no podemos olvidar que la luz puede existir incluso en medio de la oscuridad. Pero a la inversa, allí donde hay luz, lo oscuro no puede existir. En todos los sitios en que hay luz, crece la claridad y lo oscuro tiene que retirarse. Es como cuando se enciende una vela en una habitación oscura.

Suele decirse: «Poco antes del amanecer es el momento más oscuro de la noche». Precisamente en la actualidad estamos en este tiempo más oscuro, faltando poco para el amanecer, en medio de la gran transformación hacia lo luminoso.

Aprovechemos por lo tanto este tiempo para recordar que en nuestro más profundo interior somos luz. Difundamos esta luz, como lo hace una vela, en todos los lugares en que actualmente estamos. Porque en todos los lugares en que hemos estado, dejamos nuestra estela luminosa a nivel sutil. De esta manera podemos hacer el más valioso regalo, a nosotros mismos, a la Tierra y a todos los seres.

Cada ser humano es una luz

Muchos seres humanos han olvidado que cada uno de nosotros es un ser divino. Cada ser humano es una luz, y solamente de todos juntos resulta una gran luz.

Cada ser vivo lleva dentro de sí el destello divino, y cada uno de nosotros es, por así decirlo, una parte de la inmensa luz. La Creación no sería perfecta, si faltara una sola de estas luces.

Si los seres humanos ya no obraran por miedo, sino por amor, nuestro mundo se vería totalmente diferente.

La Tierra lo siente todo

A todos nos hace bien, para equilibrarnos, ir a la naturaleza lo más a menudo posible.

Nosotros los seres humanos nos nutrimos del campo energético de la Tierra, de todos sus lugares maravillosos, de la energía de los árboles y del agua, y necesitamos el aire para respirar. Y sin embargo frecuentemente tratamos a esta naturaleza sin ningún cuidado.

Al igual que nosotros, la Tierra tiene un sistema energético propio. Tiene meridianos energéticos, puntos energéticos y asimismo un campo energético. Todo lo que la humanidad piensa, siente y hace, se ve en este campo: cómo tratamos a la naturaleza, cómo tratamos a otras personas y a los animales, etcétera. Porque todos estamos unidos a la Tierra –no solamente las plantas y los animales, de los que decimos que forman parte de la naturaleza–. También nosotros los seres humanos formamos parte de la naturaleza y estamos unidos a la Tierra.

La Tierra percibe todo lo que sucede sobre su superficie. Ella nos siente a los seres humanos; y, cuando destruimos su naturaleza, lo siente. Pero cuando seres humanos amorosos pasean por ella, también lo siente. Ella siente cada roce amoroso nuestro, cuando por ejemplo nosotros tocamos un árbol con amor o acariciamos la tierra en nuestro jardín. El hecho de que la Tierra sienta este contacto amoroso nuestro, le da fuerza para poder soportar mejor tiempos difíciles. Ella siente que muchas personas se han dado cuenta de que deben tratar a la naturaleza de otra manera, que su consciencia se abre más y que desean un bello futuro.

La naturaleza puede equilibrarse y armonizarse por sí misma. En el pasado ya se autorreguló, cuando aún vivían en la Tierra otras civilizaciones. Y también se autorreguló cuando los seres humanos de la era actual todavía no habían intervenido en la regeneración forestal o –por ejemplo mediante la caza– en las poblaciones de animales.

Nos creemos que la naturaleza nos necesita a los seres humanos para estar sana, pero desde mi punto de vista esto no es cierto. Sin embargo, nos necesita para mantenerse sana, en el sentido de que por el hecho de existir en la Tierra, tenemos una posición en la naturaleza y debemos mantener esa posición para que todo esté en armonía en la Tierra.

La Tierra no solo tiene meridianos energéticos como nosotros, sino además una consciencia. Hace mucho tiempo que para ella habría sido muy fácil aniquilarnos en un solo día. Pero no lo ha hecho. Esto quiere decir que tiene una paciencia y un amor por nosotros infinitamente grandes, un amor incondicional, que perdona. Y desde mi punto de vista, esto también quiere decir que ella tiene la esperanza y la confianza de que nosotros los seres humanos seremos capaces de aprender. Si su amor y su esperanza no fueran tan grandes, hace ya mucho tiempo que se le habría agotado la paciencia.

En los orígenes el ser humano fue previsto como una especie de ser protector de la Tierra. Cuando uno contempla la humanidad a día de hoy, puede intuir que en algún momento tuvo que producirse un suceso muy grave, porque la humanidad actual se ha apartado muchísimo de esa tarea como protectora de la naturaleza.

Pero cada ser humano que despierta, que de nuevo se conecta con su alma y que en todo reconoce a un ser consciente, ayuda a que la humanidad vuelva a ser ahora aquello para lo que realmente fue prevista.

La Tierra nos une a todos

Precisamente en este momento del tiempo actual, todos necesitamos mucha conexión a tierra. Cuando estamos bien conectados a tierra, podemos afrontar mejor las cosas, si en nuestra vida hay turbulencias. Porque entonces estamos unidos a la Tierra, y ella nos da estabilidad y apoyo, si se lo pedimos. Ella puede igualmente ayudarnos, por ejemplo, a disolver nuestros miedos, y puede darnos energía.

Cuando estamos conectados a tierra, nuestra alma está anclada al cuerpo de forma más completa. Somos así en primer lugar más estables, y en segundo lugar percibimos mejor nuestro cuerpo. Sentimos mejor qué nos hace bien y qué no.

Por supuesto que para conectarnos a tierra nos ayuda muy especialmente salir a la naturaleza. Ahí siempre nos sentimos mejor inmediatamente. Pero también con la ayuda de nuestros pensamientos podemos conectarnos a tierra, uniéndonos al corazón de la Tierra e imaginándonos por ejemplo que de nuestros pies crecen raíces. Asimismo el agradecimiento nos ayuda a conectarnos a tierra, porque introduce al alma más en el cuerpo.

Nuestra alma tiene la posibilidad de comunicarse con nuestro ser corporal, como yo lo llamo. Porque nuestro cuerpo es un ser con una consciencia propia, y este ser corporal está al servicio del alma, para que ella pueda hacer experiencias aquí, en la realidad tridimensional. Por ejemplo, en cuanto el alma se da cuenta de que la parte de nosotros encarnada se ha desviado demasiado del plan de vida, ella puede por así decirlo «ordenar» que se nos asigne un tiempo de reposo físico, para que podamos reflexionar y dar a nuestra vida otra dirección. También como humanidad nos hemos desviado colectivamente de nuestro plan de vida. Hace falta por tanto una rectificación, un cambio de dirección, para que todo pueda regresar al equilibrio.

Cada célula de nuestro cuerpo, cada órgano y nuestro cuerpo como totalidad, tienen una consciencia propia. Esta consciencia ya se origina cuando todavía estamos en el seno materno. En nuestro cuerpo, nuestros órganos hablan entre sí, y la consciencia de nuestras células graba todo lo que experimentamos, lo que sentimos, etcétera. Nuestras células perciben lo que pensamos y sentimos, y reaccionan a ello. Igualmente por este motivo es importante que prestemos atención a tener tantos pensamientos positivos y fortalecedores como sea posible.

Además, nuestras células reaccionan a frecuencias que en nuestra consciencia diurna no podemos oír ni ver, ni sentir directamente. Sin embargo, a menudo percibimos estas frecuencias indirectamente, por ejemplo sintiendo si un lugar es bueno para nosotros o no.

Debido a que nuestro ser corporal ha surgido de la Tierra, todas las células de nuestro cuerpo están energéticamente unidas a ella. Y a través de esta conexión con la Tierra, todos estamos conectados unos con otros. Uno puede imaginarse esto en forma de un cordón energético que surge de nuestro cuerpo y se introduce en la Tierra, y que ahí está conectado con los cordones energéticos de todos los demás cuerpos. Es como una enorme red subterránea.

Por lo tanto, no estamos solo unidos espiritualmente entre nosotros a través de la consciencia colectiva, sino también físicamente. Cada uno de nosotros es una parte del gran «cuerpo-humanidad» en la Tierra. Y con ello cada uno aporta su parte al estado de salud de la totalidad del «cuerpo-humanidad».

Los animales son nuestros hermanos y hermanas

Todo lo que existe tiene consciencia, y por tanto pensamientos y sentimientos. Cuanto más conectados estamos con nuestro corazón y de nuevo sentimos el amor que realmente somos, tanto más natural nos resulta tratarlo todo espontáneamente con gran amor y respeto.

Esto no se refiere solo a las personas, sino también a los animales, las plantas y a todo cuanto podemos ver –igualmente a nuestra mesa, nuestra cama o nuestro coche–. Sencillamente a todo. Cuando tratamos todo amorosamente, por ejemplo a un animal, él siente naturalmente nuestro amor. Además nosotros mismos nos sentimos entonces bien, y esto tiene que ver, entre otras cosas, con que recibimos el amor que el animal nos devuelve. Con una mesa o una prenda de vestir, sucede igualmente que ellos reaccionan a nuestros sentimientos.

El modo en que tratamos a todo cuanto nos rodea, queda grabado en nuestro colectivo. Así que todo el sufrimiento de los animales se introduce en nuestro colectivo y por lo tanto influye en la totalidad del campo energético de la Tierra. El sufrimiento que causamos a los animales y a otros seres –ya sean de frecuencia vibratoria densa o sutil–, se extiende alrededor de la Tierra como una pesada niebla energética y lo traspasa todo.

Sufrimiento y miedo generan pesadez. En cambio, si tratamos bien a los animales y a otros seres, surge ligereza. También en el colectivo de los animales la energía se vuelve más ligera, si los seres humanos les tratamos amorosamente. Si los animales no están bien, ¿cómo podrían acaso estar bien los seres humanos?

El escritor Leon Tolstoi dijo una vez: «Mientras haya mataderos, habrá campos de batalla».

En el origen, los seres humanos fueron pensados como protectores de esta Tierra y de todas las formas de vida en ella. Tenemos por tanto una responsabilidad con respecto a lo que les sucede a los animales. Son nuestros hermanos y hermanas.

Los seres de la naturaleza

¿Habéis oído alguna vez las historias sobre verduras gigantes? ¿Sabéis que existen huertos en los que crecen coliflores, calabazas y pepinos gigantes? ¿Y sabéis que esto sucede porque allí tiene lugar una colaboración entre determinados planos, que en muchos lugares del mundo ya no es usual –o cuando menos, ya no lo es en nuestras latitudes?

Toda nuestra vida hacemos cosas en el plano físico, sin saber que hay planos sutiles que participan. Nuestros jardines se incluyen aquí, también el bosque e igualmente los prados. Toda la naturaleza tiene un plano sutil, en el que viven seres. A estos seres los denominamos seres elementales o seres de la naturaleza: los enanos, los elfos, las hadas, los gnomos, las dríadas.

Por lo general los olvidamos. Al mismo tiempo, los necesitamos. Pero como hemos perdido la práctica de percibirlos, y como además hoy en día para algunas personas las piedras aún son inanimadas, los animales no tienen alma y los árboles están ahí simplemente para darnos madera –y seguro que no tienen sentimientos–, actualmente estamos expulsando de muchos lugares completamente a los seres de la naturaleza.

Cuando voy en coche, atravesando los paisajes del campo, veo una y otra vez bosques. Pero lamentablemente a veces ya no son bosques, sino aglomeraciones de palillos de micado. Los árboles viejos son talados, y solo quedan los de tronquitos pequeños, delgados. Y eso son entonces nuestros bosques. No es de extrañar que los seres elementales se retiren.

Los seres de la naturaleza perciben si un ser humano tiene un corazón abierto, si él es consciente, si sabe que ellos existen. Y esto les alegra. Ellos nos necesitan, y nosotros los necesitamos. Para colaborar con ellos necesitamos primero tomar consciencia de su plano, y luego deberíamos crear alguna posibilidad de que ellos tengan su espacio.

Conozco a personas que han llegado a determinados acuerdos con los seres de la naturaleza. Por ejemplo, no entrar en una parte del jardín durante todo el año –ni para labores de jardinería ni para ninguna otra cosa, tampoco para un breve paseo–. Así los seres de la naturaleza tienen un lugar donde simplemente pueden estar y donde es seguro que nada interferirá en su trabajo.

Naturalmente que los seres de la naturaleza no permanecerán entonces aislados en su sector. Ellos también pueden ayudar a que las cosas crezcan en el jardín, y pueden hacernos posible una visión más profunda de la naturaleza. Si los respetamos y les dejamos su espacio, saldrán de sus zonas de tranquilidad y nos ayudarán.

Porque los seres de la naturaleza solo se retiran si su espacio vital está amenazado o si destruimos su espacio. En cuanto nosotros tenemos en cuenta sus necesidades, en cuanto ven que los seres humanos aceptan su existencia y les respetan, puede surgir una base que haga posible que los seres de la naturaleza vuelvan a hacer su trabajo tal como ellos quieren.

¿Habéis mirado alguna vez un árbol y visto dentro de él un rostro o una especie de ser humano? ¿Conocéis esas montañas que tienen el aspecto de rostros? Si veis algo así, puede ser que en ese momento estéis viendo a un ser de la naturaleza. Porque también cada árbol, cada montaña, cada lago tiene una consciencia.

Tengo el deseo de que abramos nuestra consciencia mucho más a la consciencia de los seres de la naturaleza. Nosotros los necesitamos, igual que a la Tierra.

El apoyo
de las fuerzas de la luz

Todos tenemos libre albedrío, y cada ser de luz en el universo respeta este libre albedrío. Como humanidad que somos sobre la Tierra, las muchas fuerzas de la luz y seres de luz que se hallan tanto en la Tierra como fuera de ella, solamente pueden ayudarnos completamente si nosotros consentimos su ayuda, con nuestro libre albedrío.

Una estratagema de las fuerzas de la no-luz, que una y otra vez fue utilizada ya en el pasado, consiste en intentar obtener nuestro consentimiento voluntario para sus planes. Cuando se lo damos, por supuesto que las fuerzas de la luz poco pueden ayudarnos, porque eso sería una intromisión en nuestro libre albedrío.

No solamente consentimos en los planes de las fuerzas de la no-luz cuando, por ejemplo, aceptamos determinados contratos, sino que basta que consideremos las acciones y medidas de las fuerzas de la no-luz como correctas, y que estemos a favor de ellas. Por eso es importante que despertemos como humanidad, lo que no solo significa que nos ocupemos de temas espirituales, sino que además aprendamos a reconocer lo que viene de las fuerzas de la no-luz –tanto en el plano sutil como en el físico–. Es importante que aprendamos a oír más allá de las palabras. Pues por el mero hecho de que alguien parezca a primera vista una buena persona, esto no significa que tenga buenas intenciones.

En cuanto podemos reconocer y distinguir tales cosas, nos es posible decidirnos en contra de lo que viene de las fuerzas de la no-luz, y en lugar de ello decidirnos conscientemente por la paz, el amor y la armonía. Esta decisión por el amor y la armonía hace que las fuerzas de la luz nos puedan apoyar mejor, porque de esta forma les damos a entender que ya no queremos en la Tierra las extrañas estructuras de las fuerzas de la no-luz.

Por eso es tan importante que cuestionemos las cosas y que una y otra vez nos preguntemos qué es lo que verdaderamente queremos y lo que no queremos, y que reflexionemos bien a qué damos nuestro consentimiento, con el solo hecho de estar a favor de ello.

Dar una instrucción
a la Fuente

En el mundo de frecuencia vibratoria sutil, no todo lo que parece ser de luz, es de hecho de luz. Allí hay algunos seres que aunque parecen de luz, en verdad no lo son. Por eso es importante aprender a distinguir si los seres con los que uno está espiritualmente en contacto forman parte de la luz pura o no.

Lo mejor es unirse siempre conscientemente, antes de cada toma de contacto, con la Fuente divina del amor, para luego desde allí establecer contacto con los verdaderos seres de luz. Para hacerlo, tenemos que decidir claramente que solo queremos comunicarnos con seres que sirven a la luz pura.

Recientemente me vino a la mente una instrucción, que puede darse a la Fuente. Esta instrucción no la veo como una «invención» mía, porque seguramente otras personas habrán llegado a pensamientos parecidos. Con frecuencia la verdad es dicha por varias personas, con diferentes palabras. Como se acaba de mencionar, al dar esta instrucción uno debería estar unido a la Fuente divina y decidirse conscientemente por esta instrucción. Dice así:

«En todos mis planos –tanto si los conozco como si no– solamente quiero colaborar con seres de frecuencia vibratoria sutil que estén unidos a la Fuente del amor y que formen parte de la luz pura de la Fuente.

Todos los tratos, contratos y acuerdos, que alguna vez haya establecido consciente o inconscientemente con seres de la no-luz, o con seres que pretenden ser de la luz pero que en verdad no forman parte de la luz pura de la Fuente, quedan anulados inmediatamente en todos los planos.

De forma que esto sea para mi bien divino supremo y con ello también para el bien divino supremo de la totalidad».

Buenos pensamientos

Nuestros pensamientos son libres. Con independencia de lo que ahora mismo esté pasando en el mundo –siempre podemos decidir lo que pensamos y cómo actuamos en determinadas situaciones–. Por supuesto que siempre tenemos una primera reacción, pero si esta no nos gusta podemos simplemente pensar de forma diferente. Lo más importante es permanecer positivos y –ante todo en un tiempo como este– nunca olvidar que en el mundo hay muchas cosas positivas.

El mundo en armonía no viene como caído del cielo y entonces aquí está. Nosotros participamos en configurarlo, tomándonos tiempo para introducir algo bueno en el campo colectivo. Porque solamente lo que existe en el plano sutil puede manifestarse además en el plano físico.

La mayoría de las personas piensan que lo que uno hace tiene que verse de inmediato. Pero cuando pensamos o sentimos algo, no vemos necesariamente enseguida los resultados, y por eso lo subestimamos, porque no podemos ver una repercusión inmediata. Tal vez, como consecuencia de ello, alguien empiece a reír en Asia; esto es posible, y no lo sabemos. Alegrándonos por algo bello o contemplando algo bello, teniendo un buen sentimiento, influimos en el colectivo. Si por ejemplo tenemos una planta de interior que nos parece bonita, y además se lo decimos, ambos nos sentimos mejor.

Uno debería tomarse cada día un poco de tiempo para enviar algo bueno al mundo y pensar en cosas que ahora ya son buenas. Esto es lo más positivo que podemos hacer. Y cuanto más grande sea el impulso que introduzcamos en el campo colectivo, tanto más fácil lo tendrán las demás personas.

Podemos igualmente escribir bellas palabras en trozos de papel, que luego pegamos en algún lugar, o podemos leer libros inspiradores. Podemos dar a otros el amor que hay en nosotros. Por ejemplo, yo también hablo con mi nevera. Esto podemos hacerlo con todo; con nuestra vivienda, casa, coche, etc. Todos son efectivamente seres vivos con consciencia y con sentimientos. Y si decimos algo cariñoso a un objeto, él nos devuelve algo cariñoso.

Todo esto ocurre de todos modos por sí mismo, pero nos ayuda saber que ocurre, porque entonces sabemos además que nuestros pensamientos y sentimientos tienen un efecto mucho mayor de lo que creíamos. Todo lo que somos en la Tierra, comenzó con un pensamiento. Todo. Porque los pensamientos originan sentimientos, y los sentimientos deciden sobre lo que hacemos.

El tiempo que se aproxima será un buen ejercicio para estas cosas. Porque harán falta cada buen pensamiento y cada buen sentimiento.

Nuestra consciencia es un filtro

En nuestro mundo hay cosas que solamente tienen poder e influencia sobre nosotros, porque las aceptamos como verdaderas. Que permitamos o no que esto suceda, lo decide nuestro libre albedrío. Nuestra voluntad puede decidir si nos dejamos influenciar o no por determinadas cosas. Por eso es tan importante saber lo que queremos o no queremos.

Lo que hace falta para un cambio mundial, es una orientación conjunta de los seres humanos. Tiene una gran trascendencia, que muchas personas se reúnan con una misma orientación –también para los planos más elevados–. Cuando cientos o miles de personas quieren lo mismo, los planos de luz superiores tienen una posibilidad de ayudarnos mucho mejor, porque de esta forma han recibido nuestro consentimiento.

De modo que cuando os reunís con otras personas, estáis así ayudando a toda la humanidad, pues lo que cuenta es la orientación que tenemos todos juntos. Todas las cosas que veis en el mundo exterior, son una manifestación de la orientación de la consciencia del colectivo.

Y al revés, nuestra consciencia individual es también fuertemente influenciada por el campo colectivo. Y este está a su vez influenciado por los medios de comunicación de masas y la cobertura informativa, unificada y sincronizada en todas partes.

Nuestra consciencia diurna es como un filtro. No lo percibimos todo conscientemente, sino solo una pequeña parte. Solo dejamos que atraviese ese filtro lo que creemos que es cierto. Cuando creemos que algo no es posible, construimos un filtro que no permite en absoluto que ese aspecto lo atraviese.

El cambio en el mundo comienza con nosotros. Otra cosa no es posible. Probablemente ya hemos oído esto 100.000 veces –y en los próximos años lo volveremos a escuchar otras 100.000 veces–; pues mientras no hayamos entendido algo, debe ser repetido una y otra vez.

No podemos seguir aprendiendo, si estamos dormidos. Si solo teóricamente queremos un mundo mejor, pero seguimos siendo tal como somos, eso no sucederá. Si los planos más elevados ven que la humanidad todavía tiene un bloqueo, enviarán una y otra vez almas que nos digan exactamente lo mismo –no para aburrirnos, sino porque saben que es necesario, porque de otro modo el siguiente paso no funcionará.

Resonancia

En el universo hay diversas leyes de lo sutil, y una de ellas es la ley de la resonancia.

En algunas situaciones tal vez nos preguntemos por qué nos sucede una determinada cosa. Muchos piensan entonces de inmediato que seguro que eso tiene que ver con uno mismo, que uno debe llevar dentro de sí una resonancia que le hace experimentar tal o cual cosa. Y en ocasiones este es efectivamente el caso, pero no todo lo que sucede en nuestra vida depende únicamente de nuestra resonancia.

Actualmente toda la humanidad está en una situación en la que nunca había estado antes —en la que muchas cosas se agravan y muchas personas tienen preocupaciones y problemas que no habían tenido antes—. He reflexionado sobre si realmente es así, que cada persona específica en la Tierra tiene una resonancia interior con respecto a esta situación mundial actual. Naturalmente que mi visión no lo alcanza todo, ni mucho menos tengo una visión global de todas las cosas. Según mi parecer, para ello la situación actual es demasiado compleja. De modo que solo puedo decir lo que pienso personalmente, aunque tal vez no sea del todo correcto.

En la actual situación mundial hay mucho miedo e inconsciencia a nivel colectivo, estamos ante limitaciones y ante una mayor cesión de responsabilidad y poder. Si uno contempla la mayor parte de la humanidad actual, se nota que estas cosas son exactamente lo que la mayoría de las personas ya ha conocido durante toda su vida. Sus actos suelen guiarse —consciente o inconscientemente— por el miedo y las preocupaciones; hay mucha inconsciencia; la mayoría tiene una consciencia limitada y vive como en una prisión; y la mayoría cede su responsabilidad, respecto a un mundo mejor y a una vida propia realmente mejor, a otras personas u organizaciones —en la esperanza de que otros solucionen sus problemas.

Por lo tanto, puede decirse que buena parte de la situación global actual se basa en resonancia. Porque si a nivel colectivo hubiera menos miedo, más consciencia y más sentido de la responsabilidad, la humanidad se decidiría en contra de la propagación del miedo y en lugar de ello a favor del amor. La humanidad ya no sería manipulable, porque cuando estamos unidos a lo que realmente somos, ya no se nos puede manipular tan fácilmente. Pero si tenemos miedo, esto es posible y muy fácil. Precisamente por eso en estos momentos se difunde deliberadamente tanto miedo en cada país –para que, a poder ser, todos continúen siendo manipulables.

Aunque la mayoría de las personas tenga una resonancia con la situación actual, no todas las personas tienen esa resonancia. Así es como sucede que algunos tienen problemas y preocupaciones tan solo porque determinadas circunstancias ahora mismo son simplemente tal como son –porque una mayoría en el colectivo de la humanidad ha hecho posible estas circunstancias, inconscientemente–. Así que en una situación global como esta, todos estamos inmersos, aunque visto desde la perspectiva individual no tengamos resonancia con ello. Esto es más o menos como cuando uno va en coche y a causa de un accidente se ve metido de repente en un atasco. Aunque uno mismo no tenga nada que ver con el accidente, por el simple hecho de que circulaba por la misma carretera, ahora está dentro del atasco –sin resonancia personal.

Tanto si tenemos resonancia con algo como si no, en cada situación podemos preguntarnos qué es lo positivo en ella y qué podemos aprender de la situación. Al hacerlo, siempre podemos pedir apoyo y ayuda a nuestros ayudantes espirituales.

Si no estamos seguros de si tenemos resonancia o no con una determinada situación, podemos reflexionar sobre nosotros mismos. La resonancia puede ser algo agradable, pero también algo desagradable. Porque resonancia significa simplemente –si realmente se trata de una de estas situaciones– que de nuestro entorno nos llega algo que está en nosotros mismos. Este es un campo amplio y diverso, y ni mucho menos todo lo que nos sucede en nuestra vida se basa en resonancia.

Hay elementos característicos con los que puede reconocerse si se trata o no de una situación de resonancia. Porque nuestro entorno solo puede reflejarnos lo que tenemos en nosotros mismos. A continuación se dan algunos ejemplos sobre cómo se puede reconocer un reflejo así –precisamente cuando es algo que nos bloquea:

- Si lo que nos sucede se ajusta una y otra vez al mismo patrón, si por ejemplo vamos a parar una y otra vez a situaciones en las que perdemos o abandonamos algo –esto es entonces un signo de resonancia.

- También, cuando una determinada característica de otras personas nos molesta; por ejemplo, cuando para nosotros representa un problema que otras personas muestren determinadas emociones o sentimientos hacia nosotros. Esto suele significar que en verdad nosotros mismos no podemos vivir esa emoción o ese sentimiento.
- Igualmente, la manera en que otras personas nos tratan puede estar expresando algo sobre nosotros mismos. Frecuentemente sucede que si por ejemplo nosotros mismos no nos tomamos en serio, otros tampoco lo hacen. O si nosotros mismos no nos valoramos, con frecuencia tampoco nos sentiremos valorados por otras personas. En ese caso deberíamos mirar más de cerca nuestra relación con nosotros mismos.

Este es un tema muy complejo. Pero en pocas palabras, se trata como siempre de que nos tengamos cariño a nosotros mismos, incluso cuando a veces «nos desenmascaremos» y descubramos una parte de nosotros que hasta ahora no habíamos querido ver. Porque todo esto son solo programas, que solo constituyen nuestra personalidad en este momento. Pero nuestro verdadero ser, nuestra alma, nuestro núcleo más profundo, es y será siempre luz y amor.

Orientación conjunta

Si como colectivo tenemos una orientación hacia la guerra, los seres de luz nos pueden ayudar mucho menos que si tenemos una orientación hacia la paz.

A los seres humanos no se nos puede dar ayuda desde el exterior, si no la queremos o no la pedimos. Y cuando se trata de algo mucho más grande que de una sola persona, o de una casa en la que ella vive, o cuando algo afecta a toda la Tierra, hace falta más de una sola persona que adopte una orientación determinada o que reciba el permiso para ayudar. Es decir, se necesitan muchos más de solo diez o cien seres humanos que digan que ya no quieren ninguna guerra.

La orientación colectiva no cambiará hasta que no cambiemos individualmente, porque todos somos representantes del colectivo de la humanidad. Cada ser humano representa en pequeña escala una parte de la humanidad.

Cada alma que ha encarnado aquí y que inspira a otros seres humanos a volver a ser lo que ellos son, no significa ni más ni menos que los planos divinos han enviado una ayuda que ahora se está manifestando en un ser humano. Él es por lo tanto una ayuda divina manifestada.

Somos anclas de la luz

Si estamos en situaciones que para nosotros son difíciles, y no sabemos cuánto durarán aún, puede suceder que en algún momento perdamos la esperanza y nos cansemos, porque todavía no podemos ver el buen final, la solución.

Sé que cada vez más seres humanos son conscientes y se dan cuenta de lo que hay en verdad tras los acontecimientos actuales y de lo que se quiere obtener con estos. Muchos de ellos van a diario al trabajo y están ahí envueltos en un entorno en el que no se les comprende o en el que se les presiona. Y a pesar de esta presión continúan difundiendo confianza, esperanza y amor, y apoyando a otros. Estas son las personas que mantienen la luz en lugares muy diversos, y todo aquel que hace algo así es un ser humano muy valiente.

Está bien tomar consciencia de ello –aunque tal vez frecuentemente no nos sintamos en absoluto valientes–. A veces da la impresión de que lo que hacemos no sirve de gran cosa, como si efectivamente en el plano físico todo se volviera cada vez peor. Y no obstante, quienes pese a todo mantienen la luz, son el ancla para un bello futuro. Ellos mantienen la luz en la Tierra, y mientras haya luz en la Tierra, al final todo saldrá bien –da igual qué clase de turbulencias surjan hasta entonces.

Si a veces nos preguntamos si acaso todo esto valdrá la pena, deberíamos recordar que nada fue nunca en vano, y que tampoco ahora hay nada que lo sea. Al final siempre habrá valido la pena, y al final siempre lograremos algo positivo, aunque entremedias tengamos preocupaciones. Es aproximadamente como cuando sentimos que nuestro corazón dice «sí» a algo, pero nuestra mente tiene diez razones sobre por qué eso no es una buena idea. Si a pesar de ello lo hacemos, puede que tengamos una sensación de inseguridad, o que nos provoque miedos. Pero al final nos sentimos felices, porque hemos hecho caso a nuestro corazón.

Por eso no deberíamos desistir nunca. En nuestra alma todos sabemos que al final habrá valido la pena. No es por casualidad que estemos ahora, precisamente en este tiempo, encarnados aquí en la Tierra. Porque precisamente ahora hacen falta seres humanos valientes, que mantengan la luz.

Gracias por hacerlo.

Cómo puedes atravesar
tiempos difíciles

Seguidamente, una pequeña lista de ideas sobre cómo puedes atravesar mejor tiempos difíciles:

- Hazte consciente de que solamente es una fase –aunque no sepas cuánto va a durar esta fase–. No seguirá así eternamente.
- Busca lo positivo que pueda haber para ti en esta situación. Si no lo encuentras inmediatamente: has de saber que en cada situación siempre tiene que haber algo bueno.
- Confía en que hay una solución. Si todavía no la conoces, da simplemente el siguiente paso positivo que conozcas.
- No te hundas en el miedo, porque con miedo ya no podrás pensar con claridad. Desarrolla técnicas que te saquen del miedo, caso de que alguna vez caigas en él –por ejemplo, un ejercicio del cuerpo de luz, o una técnica respiratoria, u otra cosa que a ti mismo se te ocurra y te pueda ayudar.
- Habla de tus problemas con personas que piensan como tú, y en quienes tú confías. Pide ayuda a tu equipo espiritual.
- Siempre que sea posible, distánciate de personas que no te hagan bien.
- Límpiate a nivel energético periódicamente.
- Encuentra una actividad reconfortante, que alegre tu corazón y con la que puedas relajarte, de manera que te equilibre.

Huellas de luz

Hay situaciones que no podemos cambiar de inmediato, aunque nos gustaría cambiarlas. Lo único que podemos hacer en ese caso es cambiar nuestra actitud al respecto. A veces, con solo esto cambian ya muchas cosas y podemos abordar mejor la respectiva situación, aunque continúe estando ahí.

Cuanto más unidos estamos a lo que realmente somos, es decir cuanto más unidos estamos a nuestra luz interior y a nuestra alma, tanto más encontraremos nuestro apoyo en nosotros mismos, en vez de en cosas físicas del exterior. El mundo físico puede cambiar en cualquier momento a nuestro alrededor, y si tenemos ahí nuestro apoyo, lo perderemos cuando las circunstancias físicas se transformen.

Por eso muchas personas aún no pueden despertar: les falta la conexión con su alma, aún ponen su apoyo demasiado en el plano físico, en cosas como el sistema actual. Así es natural que tampoco puedan cuestionar este sistema de nuestra sociedad, porque en cuanto lo hicieran estarían con ello cuestionando todo aquello de lo que piensan que es la única realidad a la que pueden aferrarse.

Si encontramos nuestro apoyo en nosotros mismos, podremos sobrellevar mejor los tiempos que se avecinan. Y podremos concentrarnos en el mundo en armonía que queremos crear y crearemos –un mundo en el que todos los seres estén bien, en el que sean libres y felices y en el que los seres humanos actúen desde su corazón–. Este mundo en armonía y bello, comienza con nosotros mismos. Luego también podremos manifestarlo.

Pero si alguna vez tenemos miedo, lo mejor sería que hiciéramos un momento de pausa y nos retrajéramos al silencio, para recordar lo que realmente somos y conectarnos conscientemente con ello, pues ahí no existe el miedo. Nosotros somos luz.

Que somos seres de luz, puede reconocerse efectivamente en el plano sutil: seres humanos con mayor consciencia, que dejan tras de sí huellas de luz, en todos los lugares en los que están o por los que caminan. En todos los sitios en que trabajamos o vivimos, dejamos por tanto huellas de luz. Cuanto más frecuentemente nos conectamos, por medio de nuestra consciencia, con lo que somos en nuestro más profundo interior, tanto más brilla esta luz.

Esta es nuestra tarea: difundir luz –cada cual a su manera, del modo y en el lugar en que lo sienta oportuno–. Cada uno de nosotros tiene una posición diferente en la totalidad –según aquello que ya decidimos en el plano de nuestra alma–. Por eso es tan importante que una y otra vez os conectéis con vuestra luz interior.

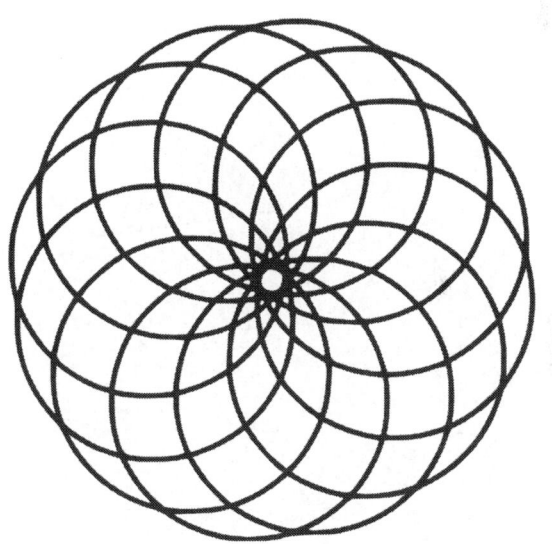

Ver con el corazón

Todos tenemos determinadas imágenes del mundo y ciertas ideas. Entre ellas están por un lado las imágenes del mundo, las creencias y los puntos de vista que determinadas personas y la sociedad nos han traspasado y hemos aceptado.

Por otro lado hay formas de ver el mundo que vienen de nuestro propio corazón. La meta es que empecemos a ver el mundo tal como lo ve nuestro corazón –que por tanto empecemos a ver con nuestro corazón y a obrar desde nuestro corazón.

Hacerse el bien
a uno mismo

Si nos amamos a nosotros mismos, esto además significa que nos damos apoyo a nosotros mismos –también en aquello que en este momento nos resulta difícil–. Si nos damos apoyo en situaciones difíciles, eso hace que encontremos un amparo interno en nosotros mismos. Y esto eleva nuestra vibración individual.

Aunque notemos que nos resulta difícil amarnos y apoyarnos a nosotros mismos, deberíamos no obstante simplemente seguir intentándolo. Esto ya nos hará bien por sí solo, porque no solamente lo que hacemos tiene una vibración, sino igualmente la intención con que lo hacemos. De manera que si intentamos amarnos a nosotros mismos, pero al hacerlo notamos que todavía no podemos sentirlo realmente, el solo intento nos hará bien, porque nuestra intención forma parte de cada acción.

Tanto si se trata del amor a uno mismo como de otro tema: cuando nos damos cuenta de que lograrlo es un proceso, vale la pena comenzar ese proceso y seguir en ello, aunque requiera paciencia y perseverancia. Si seguimos adelante en nuestro camino, además recibiremos ayuda de nuestros ayudantes del mundo espiritual.

¿Y cuál sería la mejor manera de darnos apoyo? –Haciendo una y otra vez cosas que nos hagan bien a nosotros mismos–. El solo hecho de que somos seres divinos, de que en nuestro núcleo más profundo tenemos el destello divino y de que en nuestro más profundo interior somos amor, es motivo suficiente para amarnos. Y motivo suficiente para hacernos el bien.

Todo lo que nos hace bien, es un apoyo para nosotros y eleva nuestra vibración. Así podremos por otra parte traer más luz al mundo para los demás.

Estamos aquí
para mantener la luz

Es importante que lo más a menudo posible cuidemos de que nos vaya bien. Esto también podemos hacerlo, por ejemplo, conectándonos con otras personas que piensan de manera parecida a la nuestra; porque entonces sentimos que no estamos solos. Somos muchos –muchas personas que despiertan, que cuestionan cosas, que siguen creyendo en lo bueno y que quieren algo bueno–. Hay muchos seres humanos que mantienen la luz, en todos los lugares de la Tierra. Claro que no conocemos a todos, pero están aquí.

Precisamente estas personas difunden esperanza y confianza, porque buscan soluciones. Aunque la presión crezca, y a determinados niveles para nosotros haya más oscuridad, en todas partes están las personas que mantienen la luz. Ellas anclan la luz en la Tierra. Mientras haya seres humanos que mantengan la luz, al final de este período de tiempo en el que nos encontramos actualmente, la luz vencerá. Porque la luz y el amor no pueden ser detenidos.

Hasta entonces necesitamos esperanza y perseverancia; que también nos llegan por el hecho de saber que no estamos solos. En verdad somos muchos, muchísimos.

Las personas que mantienen la luz, son como velas que arden. Su luz no disminuye cuando la habitación en la que están precisamente se oscurece. La oscuridad de toda una habitación no puede apagar la luz de una única vela. Lo mismo sucede con los trabajadores de la luz. Si no hubiera ninguna esperanza para la Tierra, nosotros los trabajadores de la luz no estaríamos aquí.

Por supuesto que es comprensible que a veces nos sintamos sobrepasados o que incluso tengamos miedo. No deberíamos reprobarnos por ello, sino tener comprensión con nosotros. Justamente en tales momentos deberíamos tener algo que nos dé apoyo, por ejemplo una imagen interior que nos diga: «Lo conseguiremos. Somos muchos. Al final todo saldrá bien, porque en un cierto plano sutil ya se ha resuelto –aunque en el plano físico ahora mismo no lo parezca».

Las estructuras de la no-luz, que están presentes en esta Tierra y que no quieren entregar su control, están intentándolo todo una vez más para poder permanecer aquí. Pero nada, de lo que no se base en el amor, se mantendrá para siempre. Y a nivel sutil, en un determinado plano ya está claro que la luz vencerá.

¡Sé tú mismo!

La gente a veces reivindica que cada persona sea propiamente un individuo. Se dicen el uno al otro: «Todos somos individuos, sé por tanto simplemente tal como tú eres».

Pero ¡ay!, si alguien es efectivamente diferente. Y si alguien se comporta efectivamente tal como es sin máscara, eso tampoco le parece bien a la sociedad.

Pero aun así, sé simplemente tal como eres, porque de otro modo nada cambiará en este planeta. Aquellos que te ven bien tal como eres, permanecerán contigo. Y a los otros no los necesitas.

Saber qué es aquello
por lo que late tu corazón

No somos todos iguales. Todos tenemos diferentes talentos y ámbitos en los que podemos inspirar a otros o ayudarles. Por eso cada uno de nosotros es necesario. Si cada cual está exactamente en su lugar –allí donde su corazón desea estar–, somos como muchas piezas únicas de puzle, que juntas forman una gran imagen. Cada cual encaja exactamente en el lugar que le corresponde.

Nuestro plan de vida nos lleva a ese lugar oportuno. Muchos se preguntan si están siquiera siguiendo su plan de vida. Realmente hay muchas personas que ya están siguiéndolo, sin saberlo. Incluso si alguna vez nos damos cuenta de que hemos tomado un desvío que no sentimos como correcto, regresaremos una y otra vez a nuestro plan de vida, si de veras lo queremos sinceramente y esa es nuestra intención. Podemos pedir entonces a nuestro yo superior y a nuestro equipo espiritual que nos guíen.

Nada está grabado en piedra para siempre. Podemos decidirnos siempre de nuevo. Por eso es bueno que una y otra vez nos preguntemos qué queremos realmente, y que luego reflexionemos sobre qué es lo mejor para que podamos ir en esa dirección.

En cuanto sepamos a dónde queremos ir verdaderamente, aquello por lo que verdaderamente late nuestro corazón, aumentará la ayuda de nuestro equipo espiritual. A menudo somos guiados, sin que nos demos cuenta. Pero tan pronto como tenemos claro a dónde queremos ir, los impulsos llegan en el sitio oportuno y en el momento oportuno.

Siempre hay soluciones,
y siempre hay ayuda

Siempre hay soluciones para cada problema, y siempre hay caminos para que las cosas actuales cambien en un sentido positivo. La pregunta es tan solo, cómo son en cada caso estas soluciones y caminos y, ante todo, si estamos dispuestos a vivir con las consecuencias que los nuevos caminos traerán consigo.

Cuando por primera vez tomamos un nuevo camino, es posible que tengamos la sensación de dirigirnos hacia la incertidumbre. Con ello nuestra mente se vuelve a veces insegura y temerosa. Lo contrario de esta inseguridad es un profundo sentimiento de confianza. La profunda confianza, sin embargo, solamente podemos encontrarla en nuestro corazón. Tan pronto como estamos conectados con nuestro corazón, no solamente sentimos confianza sino que podemos sentir mejor nuestra intuición y tenemos así más contacto con nuestra guía interior.

Nuestra intuición puede mostrarse como una especie de sentimiento que no podemos explicar con nuestro entendimiento y que por ejemplo nos dice: «Esto es adecuado. ¡Hazlo!». O bien: «Eso no es adecuado. ¡Déjalo!». Así podemos dejarnos guiar por nuestra intuición, por nuestra alma o por nuestro equipo espiritual. Nunca estamos sin ayuda o sin indicaciones interiores.

Nuestro equipo espiritual se ocupa de que nuestro plan de vida, por el que nos decidimos antes de encarnar, vaya adelante. Depende no obstante de nosotros mismos, que en la vida diaria realmente sigamos nuestra guía interior o no. Pero incluso si ocasionalmente nos apartamos de nuestro plan de vida, recibiremos una y otra vez nueva ayuda y nuevas señales, para que otra vez encontremos nuestro camino.

Nunca está nadie perdido. Siempre hay ayuda y apoyo —si estamos abiertos a recibirlos.

Seguir el propio
camino del alma

Una muy buena posibilidad de elevar nuestra vibración consiste en seguir el camino de nuestra alma. En cuanto seguís el camino de vuestra alma, y aceptáis y realizáis los procesos de aprendizaje que os corresponden, en realidad nada puede salir mal.

Vuestra alma ha establecido un determinado itinerario para vuestra encarnación actual. Ella sabe cuándo ha llegado el momento oportuno para cada experiencia. También vuestros guías espirituales conocen este itinerario, y podéis confiar en que ellos ya cuidarán de que sigáis el plan de vuestra alma.

Vuestro equipo espiritual se parece a un navegador GPS, con cuya ayuda al final siempre llegaréis a vuestra meta –tanto si escogéis el camino directo como si dais un rodeo–. Si en vuestro camino de vida de algún modo os habéis desviado, vuestros guías espirituales dicen: «Por favor, ¡da la vuelta!». Y tal vez en algún momento simplemente llegue esto: «La ruta se vuelve a calcular».

Siempre que en vuestro camino de vida tengáis algún problema o encontréis algún obstáculo, podéis confiar en que las ayudas o las informaciones que necesitáis, o bien van a llegar, o en el pasado ya recibisteis las correspondientes experiencias e informaciones que ahora os pueden servir de base para actuar. Si vuestra alma quiere experimentar algo determinado y habéis planificado esta experiencia para el camino de vuestra alma, esto ocurrirá en todo caso y nada en el mundo podrá evitarlo. Es no obstante posible que en algunos acontecimientos y vivencias tan solo reconozcamos su sentido más elevado posteriormente, de forma retrospectiva. Pero tarde o temprano siempre lo encontraremos.

Visto globalmente, esto significa por tanto: mientras haya seres humanos que quieran que las circunstancias en esta Tierra cambien hacia lo positivo, esto de hecho sucederá. Las preguntas son únicamente: ¿cuándo va a suceder? ¿Con qué rapidez? ¿Y qué cosas sucederán desde ahora hasta el momento del cambio? Puede que estas preguntas estén abiertas, pero algo es seguro: el cambio se producirá.

La espiritualidad es más que varitas de incienso

Si somos sencillamente auténticos con nosotros mismos, esto ya es suficiente. Porque la espiritualidad es mucho más que varitas de incienso, «atrapasueños» y estatuas de Buda.

Para mí, espiritualidad no significa otra cosa que desarrollo y despliegue internos de nuestra consciencia –ni más ni menos–. Estamos en efecto expandiendo constantemente nuestra consciencia. En cuanto reconocemos alguna cosa nueva, de la que hasta ahora no éramos conscientes, esto es una expansión de consciencia. Desde este punto de vista, toda nuestra vida es un viaje espiritual, y nadie puede apartarnos de este viaje –ni siquiera nosotros mismos.

Mientras liguemos la espiritualidad a alguna clase de cosas externas y queramos meterla en cajones y cajas, solo estaremos limitándonos a nosotros mismos. La espiritualidad no está vinculada a condiciones. La espiritualidad es libre.

La misma meta,
diferentes tareas

Cuando contemplo árboles, me da la sensación de que tienen una gran confianza y una profunda tranquilidad dentro de sí –una certeza de que todo irá bien–. Es como si ahora la Tierra quisiera mostrársenos todavía más en su belleza, para que nos enamoremos de ella y nos demos cuenta de lo grande que es el amor que siempre ha tenido por nosotros los seres humanos. Sin este amor de la madre Tierra, hace mucho que la humanidad ya no estaría sobre la superficie de la Tierra, a causa de todo lo que le ha hecho al planeta.

Creo que la naturaleza y sus seres desean mostrarnos que aunque en este momento nos hallemos en un proceso de transformación, al final de este proceso todo estará bien. Porque a través de los sucesos de este período de tiempo, cada vez más personas reciben «sacudidas en su dormitar» y comienzan a despertar. Este despertar es importante para que captemos que nuestro falseado sistema actual nos está mostrando una gran representación teatral, tan solo para que no despertemos.

Previsiblemente, el próximo tiempo todavía pondrá patas arriba algunas cosas que habíamos considerado como la normalidad. Esto implica por un lado una cierta inseguridad y miedo, pero por otro lado puede llevar a que más personas despierten y a que reconsideremos nuestra forma habitual de vivir. Tendremos así la oportunidad de cuestionar nuestra manera de pensar y obrar, y de tratar a los animales, las plantas y la naturaleza –y también la manera en que tratamos a quienes piensan de otro modo.

Cada persona tiene una posición distinta en el plan divino. Por eso todos somos diferentes y tenemos puntos fuertes y dones diferentes. Está bien que sea así. El solo hecho de que no podamos comprender la posición o el punto de vista de otro, no significa que lo que hace esa persona no esté bien.

Las personas tienden a clasificarlo, comentarlo y enjuiciarlo todo. Esto es igualmente válido para personas que dicen de sí mismas que son espirituales. Algunas opinan que, como persona espiritual, uno no debería ocuparse de lo que sucede tras el escenario del sistema de nuestra sociedad, para que las cosas no empeoren aún más, porque al ocuparnos de esto estaríamos entregando nuestra energía al sistema. O dicen que, por ejemplo, uno no debería expresarse en contra de la guerra, de la vacunación obligatoria y de otras cosas parecidas, porque en ese caso uno está «contra algo» y no «a favor de algo». Esto es cierto: la energía que hay tras una cosa cambia, dependiendo de que uno diga «estoy a favor» o «estoy en contra».

Sin embargo, sobre este tema quisiera dar un impulso para reflexionar: toda persona que quiera traer más luz a este mundo tiene una tarea individual dentro del plan divino. Para cumplir esta tarea, ha nacido con los correspondientes dones y cualidades. Algunas almas se han propuesto ayudar a la humanidad, pero no a través de proclamar la sabiduría, sino poniendo al descubierto las interrelaciones ocultas tras nuestro sistema, llamando la atención sobre abusos y garantizando la justicia y la verdad. Se podría denominar a estas almas como «guerreros de la luz».

Esto no significa que todas las personas que quieren transformar algo en la sociedad sean además luminosas. No es oro todo lo que reluce. Y por supuesto que esto tampoco significa que los cambios que se efectúan mediante violencia y agresividad, del tipo que sean, estén permitidos o sean aconsejables. Solamente significa que hay almas luminosas encarnadas aquí, cuya tarea consiste en analizar nuestro sistema de forma crítica y en llamar la atención sobre medias verdades y abusos —algo que no suelen hacer esos trabajadores de la luz que, por ejemplo, escriben libros espirituales—. Simplemente se trata de tareas diferentes, pero al servicio de la misma meta.

Por consiguiente, se puede estar tanto *a favor de* algo como *en contra de* algo. Lo importante es que se trate de una clara e inequívoca declaración de voluntad: «Sí, esto lo quiero», y: «No, esto no lo quiero». Por ejemplo: «*Quiero* un mundo en armonía, y *no quiero* que se maltrate a la naturaleza, los animales y los seres humanos». De esta forma nuestros ayudantes espirituales reciben indicaciones claras sobre lo que queremos o no queremos, individualmente como seres humanos, y colectivamente como humanidad. De manera que no os precipitéis, por favor, en hacer un juicio cuando alguien dice que está en contra de tal o cual cosa. Algunas almas, que utilizan la palabra «contra», trabajan no obstante al servicio de la luz.

Necesitamos todas las luces —los trabajadores de la luz silenciosos igual que los guerreros de la luz—. Por el solo hecho de que algo o alguien sea un poco diferente de nosotros y de nuestras ideas, esto no significa que no sea bueno. Es importante aprender a no categorizar, valorar ni dividir todo inmediatamente en bueno o malo. Esto solo trae consigo desunión, y precisamente esta innecesaria desunión es lo que impide que quienes quieren lo bueno unan sus esfuerzos.

Cuando una persona hace lo que su corazón siente como correcto y oportuno, esto *es* en efecto correcto.

Superar la desunión

Hay muchas personas en la Tierra que ya han despertado un poco más –no solo varios miles, sino que a nivel mundial con seguridad son ya muchos millones–. En cuanto haya despertado un número suficientemente grande de personas, algo cambiará en un sentido positivo. Desde mi punto de vista, un motivo por el que esto aún no ha sucedido es el hecho de que aunque muchas personas ya están más despiertas, no van en la misma dirección.

Todavía no estamos unidos, estamos desunidos. Incluso las personas que afirman haber despertado, se combaten aún unas a otras. No se ponen de acuerdo, de modo que no pueden ir en la misma dirección, porque no tienen las mismas opiniones. Pero ninguno de nosotros puede ver la verdad al cien por cien.

Por ejemplo, hay personas que dicen que la Tierra es redonda, mientras que otras dicen que la Tierra es plana. Y otras a su vez dicen que la Tierra es un cubo. O se discute sobre quién tiene la culpa sobre tales o cuales circunstancias. Pero hay momentos en los que no tiene ninguna importancia que mi vecino piense que la Tierra es un disco plano o una esfera redonda, o quién se supone que ha hecho o no ha hecho algo. Hay cosas que son más importantes que esta forma de pensar. Por ejemplo, que vivamos juntos en paz y que nos tratemos mutuamente con respeto.

Tan solo cuando superemos estas divergencias y muchas personas despierten, unan sus esfuerzos y creen juntas algo nuevo, las cosas mejorarán. Pero con frecuencia no llegamos a este punto porque no somos de la misma opinión y por eso no coincidimos entre nosotros. Porque hay cosas que de hecho tienen que coincidir entre sí, si queremos hacer algo juntos. La pregunta es: ¿cuáles son estas cosas que deben coincidir? En mi opinión, no se trata de la forma de la Tierra, o de quién se supone que es «culpable» de qué, porque en un caso así esto no es realmente importante.

Deberíamos saber que muchas divergencias son provocadas conscientemente por las fuerzas de la no-luz. Pero la mayoría de las personas no se dan cuenta de ello. Aún están tan ocupadas con lo que las separa, que no están en condiciones de hacer surgir algo nuevo conjuntamente. Y esto es exactamente lo pretendido.

Podemos no obstante empezar a cambiar las cosas en pequeña escala. Aunque solo hagamos un oasis de la luz en pequeña escala y mantengamos ahí la luz, esto ya es muy valioso. Y si muchas personas hacen esto en todo el mundo, tendrá una gran repercusión.

De modo que no deberíamos permitir que nada siga socavando nuestro amor y nuestra convivencia. No deberíamos permitir la desunión a la que se nos quiere arrastrar en todas partes. Sin esta desunión, las fuerzas de la no-luz no podrán alcanzar sus metas.

Nuestro amor, nuestra luz y nuestra unidad, son los que están haciendo surgir algo bello sobre la Tierra.

Ligereza

Las mariposas simbolizan ligereza y alegría juguetona –cualidades, que el mundo actual necesita en mayor abundancia.

Los seres humanos de hoy en día deberían, sin importar la edad que tengan, dejar salir y vivir de nuevo su niño interior con más frecuencia. Porque ser adulto no significa tomarlo todo con extrema seriedad. Aquella ligereza trae el cambio en nosotros. Ella es el comienzo.

Mantener la distancia interior

En estos tiempos puede resultar un reto, distanciarse internamente de todo lo desagradable con que nos encontramos. Para ello hay diversas posibilidades.

La mejor manera de poder mantener una distancia interior es por medio de nuestra consciencia. Todo empieza con nuestra consciencia, lo que hacemos y cómo lo hacemos. Una consciencia despierta nos ayuda a mantener una distancia interior respecto a cosas desagradables que suceden en el exterior, sobre las que en este momento no podemos influir.

Si por medio de nuestra consciencia no podemos generar una distancia interior, tenemos que «desconectar» nuestro cuerpo emocional. Muchos lo hacen para protegerse. Pero esto no es la solución, porque los seres humanos somos seres sintientes, y cuando desconectamos nuestro cuerpo emocional nos convertimos en robots.

Para que no suceda esto, debemos elevar nuestra consciencia. En cuanto cambia nuestra consciencia, cambia también nuestra perspectiva y con ello asimismo la forma en que percibimos las cosas. Podemos desarrollar una mayor comprensión para con determinadas cosas, y eso puede ayudarnos.

En principio solo hay una única verdad. Pero con nuestra consciencia podemos captar en todo caso solo una pequeña parte de esta verdad. Cuánto percibimos, y qué es lo que percibimos, depende de qué clase de consciencia tenemos: cuanto más elevada es esta, tanta más verdad podemos reconocer. Así que cada ser humano tiene su propia percepción, y por eso hay tantos puntos de vista y opiniones sobre todas las cosas. Pero las opiniones y puntos de vista no tienen que coincidir necesariamente con la auténtica verdad.

Cuanto más disolvemos nuestras capas, que ya hemos traído a nuestra actual encarnación o que de nuevo hemos formado en ella, tanto más nos convertimos en lo que realmente somos y nos acercamos a nuestro núcleo interior. Este núcleo es amor, porque nuestra base como seres humanos es amor. Frecuentemente no lo notamos, pero en nuestra auténtica naturaleza somos amor.

Si ya no podemos sentir este amor, si tenemos la sensación de que ya no podemos acceder al amor, esto no significa que ya no seamos amor, sino que tenemos demasiadas capas alrededor de nosotros, por lo que ya no podemos sentir el amor. Pero lo que realmente somos, lo somos siempre. No se marcha. La cuestión es solamente, si podemos sentirlo o no.

¿Cómo surgen estas capas alrededor de nuestra consciencia?: Por el hecho de que empezamos a creer en ciertas ideas, pensamientos o percepciones, aunque no están en consonancia con la verdad divina. Entonces tenemos convicciones, que consideramos la verdad y con las cuales nos identificamos. Luego creemos que somos eso, y de esta forma pierde fuerza la conexión con lo que realmente somos.

Pero el amor que somos, lo somos siempre. El amor es lo que en último término lo sana todo —también nuestro mundo—. Por eso es tan importante dedicarse a todo lo que hace que de nuevo nos acerquemos a lo que realmente somos, y cuidar de que tengamos buenos sentimientos.

Cuando despertamos

Despertar en realidad es solamente acordarnos de quienes somos. No tenemos que desarrollarnos, porque desarrollo para mí significa que uno primero está en un punto y luego va a otro punto, y mientras tanto uno se convierte en algo que antes no era.

Pero esto no es así cuando despertamos. Mediante el despertar no nos convertimos en algo que antes no éramos. Sencillamente recordamos. Porque lo que realmente somos, lo somos ya. No tenemos que llegar a serlo.

Lo único que nos separa de ello son las capas que, por los más diversos motivos, hemos hecho nuestras en esta vida y en nuestras vidas pasadas. En cuanto disolvemos estas capas, nos acercamos cada vez más –también en nuestra consciencia diurna– a lo que realmente somos. Simplemente lo recordamos.

Hay una diferencia entre tener que llegar a ser algo que uno antes no era, y que uno sencillamente recuerde lo que ya ha sido siempre y además siempre será.

El proceso de despertar

Forma parte de nuestro proceso de despertar, que nos observemos a nosotros mismos y reflexionemos sobre nosotros, pues así podemos darnos cuenta de cuál es la energía con la que hacemos algo. O bien nos gusta lo que observamos, o podemos cambiarlo. Podemos cambiar nuestra consciencia en un sentido positivo, y cuanto más despertamos, tanto más conscientes somos de quiénes somos realmente. Lo que realmente somos, no puede desaparecer. Esta esencia siempre ha estado presente y permanece para siempre. Pero las capas que tenemos, hechas de convicciones y dogmas, pueden hacer que no la sintamos.

No podemos obligar a nadie a despertar. Podemos hablar con otras personas y comunicarles nuestros reconocimientos y visiones. A algunas, esto puede servirles de algo, otras simplemente no lo entenderán. Esto no puede evitarse, porque ellas tienen ahora otra consciencia, y ciertas cosas no encajan en esta consciencia.

Las personas que despiertan, suelen despertar paso a paso. Porque despertar es un proceso y no se produce de la noche a la mañana. Aunque hay excepciones, por lo general sucede paso a paso. Está bien que así sea, porque si nuestra consciencia se expande, se transforma también nuestra energía, y nuestro cuerpo físico tiene que estar en condiciones de soportar esta energía incrementada. Despertando paso a paso, nuestro cuerpo puede adaptarse mejor a ello.

Nuestro cuerpo físico tiene su propia consciencia y nota si nosotros hemos transformado nuestra consciencia. Él puede asimismo comunicarse telepáticamente, por ejemplo con nuestro equipo espiritual. Por el hecho de que el cuerpo sea físico, esto no significa que esté limitado a la percepción y comunicación físicas.

Expandiendo nuestra consciencia y elevando nuestra vibración, mantenemos la luz en la Tierra. Conservar esta luz es algo que debemos hacer *nosotros* como seres humanos físicos, aquí en la Tierra. Naturalmente que además tenemos ayuda de nuestro equipo espiritual, de otros seres de luz y de los extraterrestres positivos. También la consciencia de Cristo, que es amor incondicional, está en el campo energético de la Tierra y estrechamente unida a todos nosotros. Pero solo puede alcanzarnos si nos abrimos a ella.

Si pedimos a todos estos seres que nos ayuden, ellos pueden – por medio de las energías positivas que irradian– darnos incluso más ayuda y apoyarnos aún más en nuestro proceso de despertar. Pero la manera en que nosotros podemos anclar la luz de forma física, es algo que solamente *nosotros* podemos hacer, porque tenemos un cuerpo físico y estamos aquí en la Tierra. Hay cosas que uno por lo tanto solo puede hacer si tiene un cuerpo físico, pero que no serían posibles si por ejemplo estuviéramos en la Tierra como seres energéticos de frecuencia vibratoria sutil.

Precisamente por este motivo no es ninguna casualidad que ahora estemos aquí, encarnados físicamente. Cada ser humano tiene para ello otros motivos, porque cada cual tiene una intención propia para haber encarnado aquí. Todos los que han encarnado aquí –los seres humanos, los animales, los seres de la naturaleza–, que quieren ayudar a elevar la consciencia; todos tienen en su encarnación una manera diferente de hacerlo. Por todas partes hay en la Tierra estos puntos de luz.

Pero en la Tierra hay igualmente muchas personas que todavía están atrapadas en su miedo. A causa de la consciencia que tienen en este momento, todavía no pueden superar su miedo. Nosotros podemos no obstante lograrlo, porque somos suficientemente conscientes y podemos así mantener nuestra luz.

Claro que ninguno de nosotros sabe qué sucederá exactamente ni cómo discurrirá esto. Es importante que a pesar de todo saquemos el máximo partido de esta situación y de todas las que se nos presenten, y que sencillamente no perdamos la confianza. Porque, además del amor y de la energía del corazón, no deberíamos olvidar tampoco el increíble poder de nuestros pensamientos y sentimientos.

Cuando seguimos
a nuestra alma

A todos nos guía nuestra alma. Aunque no todo ser humano pueda hablar conscientemente con su alma, nuestra alma tiene posibilidades para guiarnos, sin que nosotros lo notemos conscientemente. Esta guía puede mostrarse de diversas maneras en nuestra vida, como por ejemplo:

- Puede ser que «casualmente» leamos o escuchemos algo que nos llame la atención sobre algo.
- Puede ser una buena idea que nos viene a la mente, de la cual creemos que procede de nosotros mismos. Pero en verdad la idea nos la ha dado nuestra alma.
- Puede ser que tengamos una sensación dentro de nosotros, que por ejemplo nos diga si una determinada decisión es buena para nosotros o no.

Que entonces hagamos caso a nuestra alma o no, depende de nosotros mismos. No toda persona lo hace. Algunos se deciden de hecho en contra de su alma.

Pero cuanto más conectados estamos a nuestro corazón –incluso cuando esto es inconsciente–, tanto más fácil y natural es que sigamos a nuestra alma.

Y cuanto más seguimos a nuestra alma, tantas más cualidades positivas vivimos, que son buenas para nosotros mismos, para otros y para la gran totalidad. Tales cualidades son por ejemplo bondad, sabiduría, ser cuidadosos en el trato con todo, pero también el humor. Cuando dejamos que nuestra alma nos guíe, de ningún modo podemos dañar conscientemente a otra vida. Tendremos así cada vez más paz y contribuiremos a mejorar este planeta.

¡Ten valentía!

Antes de nuestro nacimiento decidimos que queríamos venir aquí a la Tierra en este tiempo de cambio. Tomamos esta decisión y obviamente la hemos puesto en práctica; pues aquí estamos, al fin y al cabo. Decidirse por algo así, requiere mucha valentía.

Si en nuestra vida vamos a parar a situaciones en las que nos falta la valentía, deberíamos recordar que la valentía que tuvimos para encarnar aquí sigue estando en nosotros. Tal vez no siempre la sentimos, pero está presente.

Pensad siempre en ello: la valentía que nos hizo falta para encarnar aquí fue más grande que la que ahora necesitamos para atravesar lo que tal vez aún tenemos por delante.

Confianza

La situación que actualmente tenemos en la Tierra es verdaderamente extraña. Con frecuencia nos parece tan extraña, que no podemos imaginarnos cómo podrá volver a estar bien alguna vez. No debe sorprendernos, porque cuando estamos aquí encarnados como seres humanos, simplemente no podemos verlo todo, ya que nuestra consciencia es limitada. Por eso no podemos comprender en absoluto ciertas cosas e interrelaciones. Nos faltan informaciones, y por ello puede que empecemos a dudar. Si no tuviésemos estas limitaciones en la consciencia y pudiéramos percibir las cosas desde una perspectiva más elevada, veríamos que al final todo saldrá bien.

Frecuentemente no necesitamos saber —ni tampoco podemos saber en absoluto— *la forma en que* todo saldrá bien, cómo será la solución al final. Pero lo que sí podemos hacer es dar el próximo mejor paso posible. Esto puede resultarnos a veces difícil, porque con ello entramos en lo desconocido. Nuestra mente lo siente como algo inquietante, porque quiere clasificar todas las cosas. Si no estamos en nuestro corazón ni en la confianza, queremos controlar las cosas demasiado. Por eso es importante que una y otra vez nos conectemos a nuestro corazón. Porque solamente ahí encontramos confianza.

Hay diversas líneas de tiempo terrenales, y nos encontramos en una de ellas. Las decisiones que tomamos individualmente, o la forma en que reaccionamos a las cosas, determinan si cambiamos de línea de tiempo o si permanecemos en la línea en la que ahora estamos. Esto es diferente para cada ser humano.

Nuestra alma está en condiciones de ver el futuro —no en millones de años, sino en un futuro cercano—. También nuestro equipo espiritual puede hacerlo. De modo que desde su consciencia más elevada, nuestro equipo espiritual, e igualmente otros seres de luz, pueden ver cómo será el futuro, según un ser humano actúe y reaccione de «esta» o de «esa» manera; porque ellos tienen una mayor visión general. Por eso saben si para una persona específica algo al final saldrá bien o no.

Pero visto a nivel colectivo, la situación en que nos hallamos ahora aquí en la Tierra y todas las cosas extrañas que ahora mismo están pasando, al final saldrán bien. Lo único que no sabemos es cuándo será eso exactamente; porque de hecho depende de todos nosotros.

¿Por qué al final
todo saldrá bien?

A veces se me pregunta: «¿Por qué estás tan segura de que al final todo saldrá bien?».

Hay varias cosas que sé con seguridad. Un primer motivo por el que estoy segura de que al final todo estará bien, es el ascenso de la Tierra. La Tierra eleva cada vez más su propia frecuencia vibratoria –inexorablemente y con independencia de lo que está sucediendo ahora sobre la superficie del planeta–. Aunque en este momento las cosas en la superficie de la Tierra sean extrañas, esto no impide que la Tierra eleve su vibración. Porque la Tierra tiene *su* vibración y nosotros los seres humanos tenemos *nuestra* vibración. Sobre la superficie de la Tierra, lo que cuenta es lo que hacemos *nosotros*, porque esto tiene repercusiones sobre el campo colectivo. Pero la Tierra, como ser, puede elevar su vibración aunque sobre su superficie ahora mismo todo sea un poco raro. Este es uno de los motivos.

Un segundo motivo es que la luz ya ha vencido en un determinado plano sutil más elevado. Sin embargo, actualmente esto todavía no se ha manifestado en el plano tridimensional, físico. Ahora mismo nos hallamos en una fase intermedia, hasta que las fuerzas de la no-luz también hayan perdido aquí, en nuestros planos. Hasta que esto llegue aquí físicamente, probablemente para nosotros las cosas empeorarán de nuevo. Tal vez haya oasis, pero en general primero habrá un empeoramiento.

Pero eso no significa que esto no vaya a salir bien. Todo este proceso es tan difícil y dura tanto tiempo porque parte de los seres de la no-luz todavía están aquí y tienen otros planes, que no son buenos para los seres humanos. Y no están dispuestos a cancelar estos planes.

Sin embargo, si uno lo mira desde planos mucho más elevados, puede verse que al final todo saldrá bien.

Y precisamente por eso estamos aquí. Además estamos aquí para el tiempo posterior a los malos tiempos, porque especialmente entonces podremos construir juntos algo bello y nuevo. Al final, valdrá la pena.

El poder de los pensamientos

Cuando el plano de nuestros sentimientos coincide con el plano de nuestros pensamientos, podemos manifestar cosas físicas. O podemos acelerar cosas que se están preparando. Si además nos unimos con personas afines y juntos nos concentramos en manifestar algo bueno, este objetivo se refuerza en el campo colectivo y eleva nuestra vibración y la de dicho campo.

Ponemos así en movimiento leyes cósmicas. Es como con el denominado karma, la ley de causa y efecto: lo que pensamos, sentimos, decimos y hacemos, lo transmitimos energéticamente al campo, y exactamente lo mismo regresa a nosotros.

Hay karma positivo y karma no tan agradable. De modo que si queremos algo bueno, también debemos hacer algo bueno. Y esto empieza con nuestros pensamientos, porque todo lo que hacemos a nivel físico, primero lo hemos pensado a nivel sutil.

El karma y otros motivos de por qué ocurren las cosas

Hay diversas leyes cósmicas que influyen en nuestra vida. Una de ellas es la ley del karma, la ley de causa y efecto. Esto significa que todo lo que emitimos, regresa a nosotros. Esta ley muchas veces se entiende en el sentido de que todas las situaciones que tenemos en nuestra vida, se presentan porque en algún momento hemos emitido algo que ahora ha regresado a nosotros.

Desde mi perspectiva, no es que siempre todo lo que en este momento sucede en nuestra vida, se presente solamente porque nosotros mismos lo hemos creado y atraído a nuestra vida. También hay otros motivos por los que ciertas cosas están en nuestra vida. Por ejemplo:

- Algunas cosas las escogimos antes de nuestra encarnación, y están en nuestro plan de vida porque nosotros como almas vimos un sentido a esta experiencia.
- Hay situaciones que son de tal magnitud, que muchas personas están afectadas por ellas en todo el mundo. Tales cosas surgen porque la mayor parte de la humanidad resuena con ellas. Dado que estos acontecimientos son tan grandes, puede que algunas personas se vean afectadas, aunque no tengan resonancia al respecto. Pero incluso dentro de estos grandes acontecimientos existe no obstante la posibilidad de que uno permanezca protegido.
- Hay situaciones que solamente las vivimos porque nos hemos alejado de nuestro plan de vida. Entonces nuestra alma y nuestros guías espirituales intentan darnos una y otra vez señales, pero no todas las personas pueden entender estas señales. O al menos no inmediatamente.

Hay igualmente otros motivos. Pero con independencia de por qué nos sucede algo, siempre podemos preguntarnos qué podemos aprender de esa situación. En último término, en cada situación podemos encontrar un sentido más elevado. A veces comprendemos este sentido de inmediato y a veces tan solo en algún momento posterior.

¿De dónde viene
nuestra añoranza?

Todos los seres humanos tenemos algo en común: queremos ser felices. ¿De dónde viene esta añoranza de ser feliz?

Felicidad, es lo que realmente somos. Todos somos amor, y amor significa también ser feliz. Y precisamente ahí queremos volver todos. Porque así lo sentimos: ya lo fuimos una vez, y en realidad seguimos siéndolo ahora.

Por eso queremos que la Tierra se vea feliz, que sea un paraíso. Porque la extraña situación en la que en este momento nos encontramos, no tiene nada que ver con quienes somos realmente. Tenemos dentro de nosotros el deseo de vivir en un mundo libre, pacífico y saludable. Pero casi ninguno de los que ahora vivimos aquí en la Tierra ha experimentado en esta encarnación este estado de cosas. Y no obstante llevamos dentro de nosotros este deseo.

Pero solamente podemos desear algo que en algún momento, en algún lugar, ya hayamos experimentado y conocido. De modo que nuestro recuerdo de un mundo en armonía tiene que proceder de tiempos pasados.

En su día, la Tierra fue un paraíso. No ha sido siempre tan extraña como hoy en día. Sucesos como las guerras, tampoco corresponden al estado de la naturaleza humana en sus orígenes. La Tierra fue en su día un planeta paradisíaco, y ella todavía se acuerda de ello. Nosotros los seres humanos seguimos teniendo igualmente esta información en algún lugar dentro de nosotros. Porque lo único que permanece para siempre es el amor, o la añoranza del amor perdido.

Hallar felicidad

Hallar felicidad es muy sencillo. Solamente necesitamos cambiar nuestra perspectiva respecto a lo que llamamos felicidad. En vez de esperar a que la felicidad llegue, podemos estar atentos y agradecidos por la felicidad que ya está aquí. Podemos encontrar milagros allí donde están –es decir en todas partes.

Y: no hay que tener siempre un motivo para ser feliz. Uno puede simplemente serlo.

La importancia de fijar límites

No todo lo que hay en este mundo es bueno para nosotros. A veces, si nos damos cuenta de que algo no nos hace bien, debemos fijar límites. En esas ocasiones está bien decir que «no», y deberíamos hacerlo. No tenemos que decir siempre que «sí» a todo.

A muchas personas no les gusta decir «no». Pero en esta pequeña palabra puede haber una gran fuerza. Diciendo claramente que algo para nosotros no es correcto, establecemos un límite y nos apartamos así de cosas que no son buenas para nosotros. Esto es amarse.

Sin embargo, solo podemos apartarnos de aquellas cosas que hemos captado conscientemente. Ciertos planes de las fuerzas de la no-luz –como por ejemplo «la Agenda 2030», «el Gran Reinicio» y otros–, tienen una envoltura muy seductora y en principio suenan bien, pero vistos más de cerca uno se da cuenta de que con ellos se pretende lograr el control total de toda la humanidad y de cada ser humano en particular. Escribo aquí al respecto para que podáis ver lo que están planificando actualmente las fuerzas de la no-luz. Porque si no lo sabemos, tampoco podemos apartarnos de ello.

Entre sus metas está por ejemplo establecer un gobierno mundial único, una moneda mundial, controlada y sin dinero en efectivo, el final de todas las soberanías nacionales, el final de toda propiedad privada, un sistema mundial de crédito social, el control del crecimiento de la población y la disminución de la población, personas con chips, identidad digital, educación estatal de los niños, abolición de empresas privadas y del transporte privado, prohibición de medicinas naturales, no sintéticas, y otras cosas parecidas. (Quien se interese por estas cosas, puede documentarse sobre estos temas por sí mismo).

Si no queréis estas cosas, si comprendéis que no serán buenas para vosotros, podéis distanciaros de estos planes tanto interior como exteriormente, y al mismo tiempo empezar a juntaros con personas afines, dando una gran fuerza a las visiones para un futuro luminoso.

Se trata de que ahora nos orientemos a la paz y a las cosas buenas, constructivas, cultivándolas en nuestro interior y en nuestro entorno.

Vivir nuestra visión

Todos tenemos una fuerza creadora. La forma en que pensamos, en que sentimos, en que hablamos y en que obramos, determina en qué aplicamos nuestra fuerza creadora y la potencia con que ella actúa.

En nuestro hogar divino todos los seres son amorosos. Allí sabemos que podemos confiar en todos los demás. Pero actualmente aquí en la Tierra no es del todo así. Aquí hay también muchos seres de la no-luz, que han encarnado en cuerpos humanos. Estos seres no tienen la voz de la conciencia, ni amor. No podemos confiar en ellos. Y precisamente estos seres están ahora planificando aumentar en el futuro aún más la ya existente esclavización de la humanidad.

Por nuestro hogar divino estamos acostumbrados a que solo lleguen a nuestra propia realidad aquellas cosas que alimentamos con nuestra fuerza creadora, por ejemplo pensando en ellas. En principio esto es igual aquí en la Tierra, pero hay una excepción en relación a los seres de la no-luz. Estos seres hacen sus cosas aquí en la Tierra, incluso si nosotros no pensamos en ellas —efectivamente, incluso si nosotros ni siquiera creemos en ellas—. Para alcanzar sus metas, a ellos les basta con que los seres humanos colaboren inconscientemente.

De modo que si no queremos que los seres de la no-luz puedan realizar sus planes, la solución no consiste en que simplemente les ignoremos. Se trata de que nos hagamos conscientes de lo que están haciendo y de lo que todavía quieren hacer. Entonces podremos decir conscientemente que no queremos apoyar eso. Con ayuda de nuestra fuerza creadora podemos decidir conscientemente que no queremos esta realidad de los seres de la no-luz. Y tras haber hecho esto, podremos concentrarnos en lo que nosotros mismos queremos, un mundo en armonía y pacífico.

Y esta es nuestra mayor y más importante tarea, aquí y ahora: alimentar nuestra visión del bien y vivirla cada vez más en nuestra vida cotidiana. Para esto nos ayuda unirnos una y otra vez con personas afines, de forma física o en nuestro interior, y crear conjuntamente este mundo en armonía y pacífico.

¿Se puede impedir la ascensión?

En el plano de su alma, la Tierra ha decidido que quiere regresar a su estado originario. Nadie puede impedirlo, porque nadie puede enfrentarse a un planeta. Esto no es posible.

Pero hay personas que simplemente tienen delirios de grandeza y creen poder impedir la ascensión. Naturalmente que esto no tendrá éxito.

La Tierra ya está cambiando. Las fuerzas de la no-luz lo saben y tratan ahora de darle la vuelta a todo y dirigirlo en una dirección completamente diferente. Pero finalmente este plan no se efectuará –incluso por el solo hecho de que la Tierra no lo quiere y porque muchísimas personas ya están despertando.

Esto lo he dicho con frecuencia, pero ciertas cosas nunca está de más repetirlas: como humanidad, nosotros tenemos muchísimos seres de luz amorosos a nuestro alrededor, que desde hace largo tiempo nos observan y que ya en el pasado nos han ayudado una y otra vez. Sin su ayuda, hace mucho tiempo que la humanidad se habría extinguido o se habría destruido a sí misma.

Pero la humanidad todavía existe. Esto tiene poco que ver con que la humanidad actual lo estuviera haciendo muy bien para preservarse a sí misma, y en cambio tiene mucho que ver con el hecho de que tenemos esta ayuda de lo alto.

La belleza de los seres humanos

Desde que llegué aquí a la Tierra, tengo en mí la imagen de que los seres humanos tienen una gran belleza. Bajo todos los papeles, cajas de cartón y ladrillos que tapan esta belleza, se ve el nivel de sus almas.

A veces, cuando voy en tren y contemplo a las personas, me acuerdo de esta imagen –con el pensamiento de que no puedo cambiar a personas que no se interesan por cosas espirituales–. Lo único que puedo hacer es crear dentro de mí una imagen de cómo se ven estas personas interiormente, recordando lo maravillosos que somos todos en el plano de nuestra alma.

Ninguno de nosotros está totalmente despierto –tampoco yo–, pero podemos efectivamente llevar dentro de nosotros esta imagen de seres humanos despiertos, para que posteriormente, cuando ellos despierten, lo tengan más fácil. En este momento no podemos hacer mucho más por ellos. Cada cual despertará en algún momento, la única pregunta es cuándo. Para algunos, esto sucederá tal vez en la próxima encarnación, o en la siguiente a esa. Hasta entonces podemos sencillamente imaginarnos que existe una bella humanidad.

Si nos unimos al amor que hay en nosotros, automáticamente nos comportaremos con los demás como si ya hubieran despertado y fueran maravillosos. Porque verdaderamente lo sentiremos así. Pero mientras tengamos la belleza de los seres humanos solamente en nuestros pensamientos, sin haber desarrollado el sentimiento correspondiente, no podremos anclar realmente esta visión.

Por eso lo más importante es saber siempre, qué es lo que estamos buscando. Porque tarde o temprano, lo que buscamos lo encontraremos, y también lo sentiremos.

Nada complicado

Para elevar la propia vibración, no hay que hacer nada complicado. Todo lo que hace que nos sintamos mejor, que estemos más satisfechos y felices, eleva nuestra vibración.

Incluso si «solo» contemplamos un bello cuadro o un bello paisaje, o si pensamos en algo bello, accedemos inmediatamente a una vibración más elevada.

Trabajamos todos juntos, pero muy pocos se dan cuenta

Trabajamos todos juntos, pero muy pocos se dan cuenta. Se nos ha hecho creer que nosotros los seres humanos somos muy, muy pequeños, aunque somos mucho más grandes de lo que pensamos: somos seres multidimensionales. Y aunque tal vez no nos conozcamos, todos estamos conectados mutuamente.

Pero no solo nosotros los seres humanos estamos conectados unos a otros, sino que además estamos conectados con todos los demás seres, por ejemplo con los seres elementales de la naturaleza. Ellos nos apoyan si confían en nosotros. Ya les ayuda el simple hecho de que nos alegremos por ellos, mostrándoles así que sabemos que están aquí. En un mundo en armonía todos los seres cuidan de que no solamente ellos mismos estén bien, sino también los demás.

Si muchas personas tratan de introducir un mundo en armonía en pequeña escala en el campo vibratorio, este campo se hará cada vez más grande. Entonces puede ocurrir que haya personas en otro país que tengan ideas parecidas y que hagan cosas parecidas. Sucede como si habláramos por teléfono, sin saberlo.

De modo que ya ahora estamos trabajando todos juntos –la mayoría de las veces, sin darnos cuenta.

No hay nada más fuerte que un deseo surgido del corazón. Y si se unen muchas personas que desean y hacen lo mismo, algo cambiará.

Sobre la autora

Christina von Dreien (nacida como Christina Meier el 15 de abril de 2001 en St. Gallen, Suiza) nació con una consciencia muy expandida y un gran número de capacidades paranormales. Forma parte de una nueva generación de jóvenes, que hacen entrever una dimensión completamente nueva de la existencia humana. Estos guías e impulsores han venido a comunicarnos el gran valor y la grandeza que en realidad tenemos los seres humanos, y el gran alcance del potencial positivo que está latente en cada uno de nosotros. Nos muestran cómo podemos reorganizar nuestra vida individual y colectiva, de forma saludable y constructiva, con la fuerza de nuestra consciencia y la del amor incondicional.

En los años 2017 y 2018 se publicaron los dos volúmenes «Christina 1–Gemelas nacidas de la luz» y «Christina 2–La visión del bien» –redactados por su madre, Bernadette von Dreien– que describen los comienzos de la historia de Christina: las circunstancias excepcionales de su nacimiento, su infancia y juventud, así como el inicio de su actividad pública.

Con «Mensajes del corazón de Christina» estamos ante el cuarto libro de Christina misma, tras la aparición de «Christina 3–La consciencia crea paz» (2020), «Al final todo va a salir bien» (2021) y «Desobedecer desde el amor» (2022).

Página web oficial de Christina: *www.christinavondreien.ch*

Bernadette von Dreien

CHRISTINA

LIBRO 1

Gemelas nacidas de la luz

Bernadette von Dreien

CHRISTINA

LIBRO 2

La visión del bien

Christina von Dreien

CHRISTINA

LIBRO 3

La consciencia crea paz

CHRISTINA VON DREIEN

AL FINAL TODO VA A SALIR BIEN

CÓMO CREARNOS EL CIELO EN LA TIERRA

CHRISTINA VON DREIEN

DESOBEDECER DESDE EL AMOR

QUE ESPERAR Y QUE HACER EN ESTOS TIEMPOS REVUELTOS

LYRICA MARQUEZ - GAYLE LEE

EL LEGADO DE
LYRICA
DEL AUTISMO A LA MAESTRÍA ESPIRITUAL

SARAH McCRUM

LA
ABUNDANCIA
COMPARTE SUS
SECRETOS

Canalizaciones para vivir sin límites

MICHAEL J. ROADS

VIVO EN LA LUZ
Consejos de vida tras la iluminación

ILIA SHINKO PÉREZ
GERRY SHISHIN WICK

Zen del Corazón

El camino para sanar tu vida

JON Y MYLA KABAT-ZINN

Padres Conscientes, Hijos Felices

"POR FIN, UN MANUAL DE INTELIGENCIA EMOCIONAL PARA PADRES"
DANIEL GOLEMAN

CONQUISTA TUS MIEDOS OCULTOS
Y LLEVA TU VIDA AL SIGUIENTE NIVEL

TU GRAN SALTO

Bestseller en EE. UU.

GAY HENDRICKS

SHIRLEY MACLAINE

El Camino

Un viaje espiritual

INSOSPECHADAS EXPERIENCIAS
Y REVELACIONES ESPIRITUALES
DE SU PEREGRINACIÓN

SUZANNE WARD

Matthew, cuéntame cómo es el Cielo

Una madre consigue comunicarse con su hijo en el Cielo

ANNE SALISBURY Y GREG MEYERHOFF

El camino de la intuición

Tu guía de viaje para esta vida

DAVID BENNETT Y CINDY GRIFFITH-BENNETT

El libro que tu alma quiere que leas

UNA HISTORIA DE VIDA QUE TE HARÁ REPLANTEARTE LA TUYA